TRAUMREISE HURTIGRUTEN

Axel M. Mosler · Ralf Schröder

BRUCKMANN

HURTIGRUTEN
NORDKAPP
NARVIK

Europäisches Nordmeer
Atlantischer Ozean
Barentssee
Bottnischer Meerbusen
Finnischer Meerbusen
Ostsee
RUSSLAND
SCHWEDEN
FINNLAND
NORWEGEN
ESTLAND
Polarkreis
1. Tag
2. Tag
3. Tag
4. Tag
5. Tag
6. Tag
7. Tag
7. Tag
8. Tag
9. Tag
10. Tag
11. Tag
12. Tag
Nordkap
Honningsvåg
Mehamn
Kjøllefjord
Berlevåg
Båtsfjord
Vardø
Vadsø
Kirkenes
Hammerfest
Øksfjord
Tromsø
Finnsnes
Inari
Harstad
Sortland
Stokmarknes
Svolvær
Stamsund
Abisko
Kiruna
Bodø
Ørnes
Jokkmokk
Rovaniemi
Nesna
Sandnessjøen
Brønnøysund
Rørvik
Trondheim
Kristiansund
Östersund
Molde
Ålesund
Torvik
Geirangerfjord
Geiranger
Nordfjord
Lom
Florø
Førde
Sognefjord
Lærdal
Gudvangen
Aurland
Mora
Lillehammer
Gävle
Bergen
Helsinki
Odda
Hardangerfjord
Oslo
Tallinn
Stavanger
Stockholm
Kristiansand

№ 20

POSTBUA
№19

Die Entstehung der Hurtigruten

Seite 10/11:
»Rorbuer« heißen die Fischerhütten auf den Lofoten, die auf Stelzen am Wasser gebaut werden. Heute fungieren sie als moderne Ferienhäuser wie hier in Svolvær auf den Lofoten.

Das Automobil war gerade erfunden, die ersten Eisenbahnlinien in Europa erst wenige Jahrzehnte alt – es war die große Zeit der Industriellen Revolution. Was in England, Frankreich und dem Deutschen Reich schon fortgeschritten war, erreichte Norwegen mit leichter Verspätung. Nun stelle man sich das Nordland mit seinen steilen Tälern und hohen Bergen vor: Wie kompliziert war dort der Transport von Waren und Personen im ausgehenden 19. Jahrhundert! Kein Wunder, dass alle Städte an der Küste entstanden, denn der Wasserweg war in Norwegen immer die natürliche und einfachste Verbindung zwischen zwei Orten. Dass Dampfschiffe die Segelschiffe ablösten, war für ein Land mit einer so langen Küstenlinie ein Segen: Endlich war man nicht mehr von wechselnden Winden abhängig, endlich wurden Fahrpläne berechenbar.

Norwegen war immer eine Seefahrtsnation gewesen, was den Küstenorten im Süden einen gewissen Wohlstand bescherte, während der Norden arm war. Oslo, das bis 1924 noch Christiania, nach dem Dänenkönig Christian IV., hieß, war das Verwaltungszentrum an der Sørlandsküste rund um Kristiansand und in Westnorwegen mit den Städten Stavanger und Bergen lag das Handelszentrum des Landes. Der hohe Norden lebte vom Fischfang, das Handelsprivileg hatte aber die Stadt Bergen. Bergenser Kaufleute leisteten 1816 erheblichen Widerstand gegen die Gründung der Stadt Bodø in Nordnorwegen, sie fürchteten um ihr Geschäft. Erst Mitte des 19. Jahrhunderts wurden die Bergenser Handelsprivilegien endgültig abgeschafft.

Den aufstrebenden Schiffsverkehr hatten finanzstarke Reedereien aus dem Süden des Landes in ihrer Hand. 1851

Der Hafen von Bergen im Jahr 1891. Zwei Jahre später begannen die ersten Schnellfahrten in den Norden, auch Hurtigruten entstand 1893.

Zur Jahrhundertwende wurden Nordland-Kreuzfahrten populär: Die »Auguste Victoria« im Nærøyfjord, 1900 gemalt von Karl Eckenbrecher.

wurde Det Bergenske Dampskibsselskab gegründet, die Bergenser Dampfschiffgesellschaft. Nordenfjeldske Dampskibsselskab in Trondheim entstand 1857. Der norwegische Staat vergab lukrative Verträge zur Postbeförderung, die an Bedingungen geknüpft waren: So wurde Einfluss auf Art und Beschaffenheit der Schiffe genommen, aber auch auf den Fahrplan. Bergenske erhielt seit 1865 Zuschüsse für die Postbeförderung von Trondheim nach Hammerfest. Im Jahr 1884 betrieben die beiden großen Reedereien aus Bergen und Trondheim insgesamt sechs Postrouten für den Staat, darunter die sogenannte Stammroute, die von Hamburg über Kristiansand, Bergen, Trondheim und Hammerfest bis nach Vadsø führte.

Den nordnorwegischen Kaufleuten waren diese Verbindungen aber zu langsam. Ihre Ware war frischer Fisch, der musste schneller in die Städte Südnorwegens kommen. Deshalb gründeten 1881 der Kaufmann William Hals, der Bezirksarzt Georg Thode und der Anwalt Ludvig Lumholtz zusammen mit dem Kapitän Richard With in Stokmarknes auf der Inselgruppe Vesterålen die Reederei Vesteraalens Dampskibsselskab (VDS – damals schrieb man das å noch als aa). Sie wollten mit ihrem Schiff schneller sein als Bergenske und Nordenfjeldske, die jeden noch so kleinen Hafen anliefen. Da es nicht überall Kaianlagen gab, lagen deren Schiffe auf Reede, Waren und Passagiere mussten mit kleinen Booten an Land gebracht werden – das kostete viel Zeit.

Kapitän Richard With und sein kongenialer Partner, der Lotse Anders Holte, begannen ab 1882, den Kurs ihres Schiffes penibel aufzuzeichnen, nur ein Jahr später war bereits die halbe Strecke nach Bergen detailliert erfasst. Ziel von With und Holte war es, die Strecke auch bei Dunkelheit sicher befahren zu können, denn die Zahl der Seezeichen und Leuchttürme war damals sehr niedrig. Sie suchten nach Abkürzungen hinter den Inseln und optimierten die Route, wo immer es möglich war. Bald war ihr Schiff, die *Vesteraalen*, das schnellste Schiff zwischen Bergen und Nordnorwegen.

Das blieb auch dem staatlichen Beauftragten des Innenministeriums für die Schifffahrt nicht verborgn. August Kriegsman Gran war selbst Lehrer an einer Seemannsschule gewesen und hatte ein Standardwerk über Navigation geschrieben. Kein Wunder also, dass er die Leistung von With und Holte zu würdigen wusste. 1892 wurde eine neue Postroute ausgeschrieben: »Vom Frühjahr 1893 oder eventuell zu einem späteren Zeitpunkt soll eine Post führende Expresslinie ihren Betrieb zwischen Trondheim und der Finnmark aufnehmen, einmal wöchentlich, sodass die Route im Sommer bis Hammerfest reicht, im Winter jedoch nur bis Tromsø, oder alternativ bis Vadsø im Sommer und bis Hammerfest im Winter. Die Route soll einzig auf die Beförderung von Post und Passagieren sowie von eiligen Waren ausgerichtet sein, darunter frischer Fisch in einem Kühlraum. Die Dampfschiffe sollen eine Marschfahrt von 12 bis 13 Knoten erreichen.«

Dies war die Stunde von Richard With. Seine Reederei bot dem Innenministerium an, die Strecke von Trondheim nach Svolvær ganzjährig in nur 34 Stunden zu fahren. Bergenske und Nordenfjeldske hatten sich auf diese Ausschreibung hin nicht beworben. So erhielt Vesteraalens Dampskibsselskab den Zuschlag. Am Sonntag, dem 2. Juli 1893, legte With in Trondheim ab, nahezu unbemerkt. Neun Hafenanläufe später legte sein Schiff am Mittwoch um 3.30 Uhr in Hammerfest an, wo Volksfeststimmung am Kai herrschte. Davon unbeeindruckt legte With bereits um 7.30 Uhr wieder ab für die Rückfahrt nach Trondheim. Seitdem wird der 2. Juli als Geburtstag von Hurtigruten gefeiert.

Ursprünglich hatte sich das Innenministerium aber zwei wöchentliche Abfahrten gewünscht, VDS verfügte aber nur über ein Schiff. So ging der zweite Vertrag an Bergenske und Nordenfjeldske gemeinsam. Bis 1907 gab es vier verschiedene Hurtigruten-Verträge, wie die Expresslinien nun genannt wurden. Der vierte Vertrag von 1907 galt für die Route Bergen – Vadsø. Am 1. Oktober 1908 wurde die Route

Die 1960er-Jahre waren eine goldene Zeit für Hurtigruten. Neue Schiffe kamen, ausgestattet mit modernen Arbeitsplätzen auf der Brücke und ansprechenden Aufenthaltsräumen.

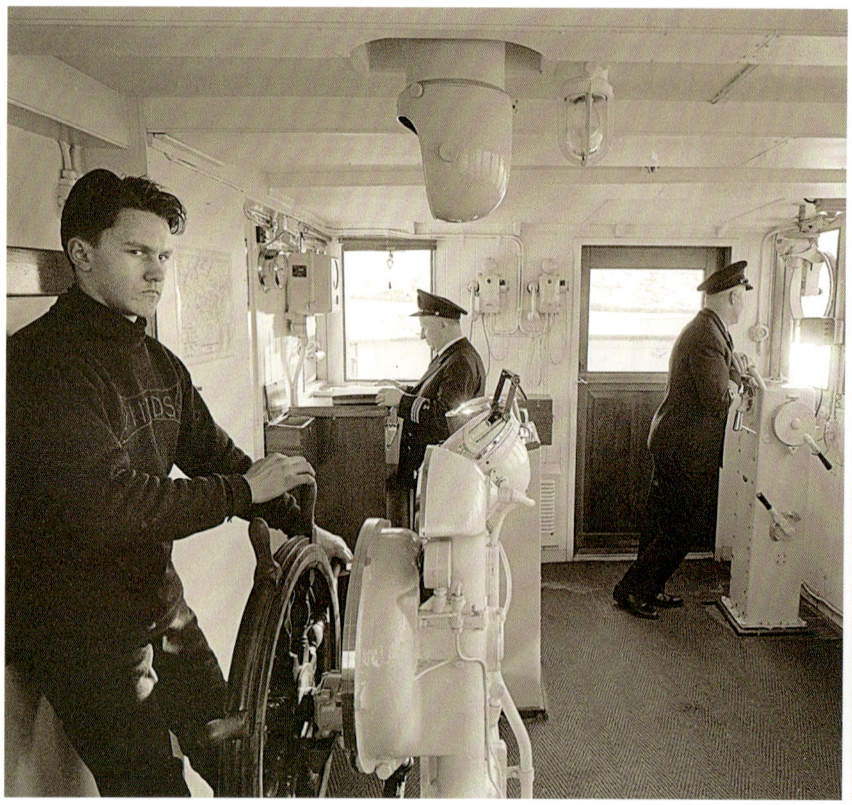

Die »Håkon Jarl«, die 1952 in Dänemark gebaut wurde, passiert eines ihrer Schwesterschiffe.

bis Kirkenes verlängert und damit erstmals die bis heute gültige Streckenführung befahren.

Ein besonderes Kennzeichen von Hurtigruten war über mehr als hundert Jahre, dass die Strecke von verschiedenen Reedereien im Verbund betrieben wurde. Reedereien aus Narvik und Stavanger, aus Bodø und aus Hammerfest stellten ebenso Schiffe wie die drei Gründungsmitglieder aus Stokmarknes, Bergen und Trondheim. Während der ersten 90 Jahre hatten immer die wirtschaftlichen Schwergewichte aus Bergen und Trondheim das Sagen. Mit dem Verkauf von Bergenske 1979 und der Zerschlagung von Nordenfjeldske 1985 verschoben sich die Gewichte Richtung Norden. Nun waren es die fusionierten Reedereien aus Narvik und Stokmarknes, Ofotens og Vesteraalens Dampskibsselskap (OVDS), und die »Neulinge« aus Tromsø, Troms Fylkes Dampskibsselskap (TFDS), die den Kurs bestimmten. Im Jahre 2006 fusionierten die beiden Unternehmen im zweiten Anlauf. Damit wird Hurtigruten erstmals seit 1893 von nur einer Reederei betrieben. Die traditionellen Schornsteinmarken der früheren Reedereien sind verschwunden, alle Schiffe tragen seitdem das weiße H für Hurtigruten auf rotem Grund am schwarzen Schornstein.

Die Streckenführung hat sich im Laufe der über hundert Jahre nur noch geringfügig geändert. Das Ausbaggern der Risøyrinne 1922 war der letzte größere Eingriff in die Route. Zuvor mussten die Schiffe den Tjeldsund nach Harstad passieren; nun fuhren sie von Stokmarknes über Sortland und Risøyhamn nach Harstad. Einige Häfen fielen weg, andere kamen hinzu. Haugesund und Stavanger wurden zwischen 1919 und 1940 angelaufen, Gamvik auf der Nordkinn-Halbinsel war von 1911 bis 1990 der nördlichste Hafen. Auch Alta und Narvik fanden sich längere Zeit im Fahrplan wieder. Aber die Grundidee wurde, zwei Weltkriegen und allen wirtschaftlichen Veränderungen zum Trotz, nicht mehr verändert.

HURTIGRUTENS TREUESTER DIENER

MS NORDSTJERNEN FUHR VON 1956 – 2012

DAS ÄLTESTE SCHIFF der Hurtigruten wurde schon mehrfach abgelöst, zuletzt im März 2012, und aus dem Dienst genommen. Doch immer kam die *Nordstjernen* zurück, weil sie eine so große Fangemeinde weltweit hat. 1956 wurde sie bei Blohm & Voss in Hamburg als eines von drei Schwesterschiffen gebaut. Alle drei sind erhalten: Die *Finnmarken* liegt in Stokmarknes als Museumsschiff an Land, die frühere *Ragnvald Jarl* ist als norwegisches Schulschiff namens *Sjøkurs* noch auf den Meeren unterwegs.

Ein geschütztes Sonnendeck am Heck mit guter, alter Holzbeplankung, der Handlauf an der Reling aus Holz, die klassischen Schiffsformen und die persönliche Atmosphäre an Bord, das sind die Argumente, die Liebhaber für die *Nordstjernen* ins Feld führen. Das Erlebnis einer Schiffsreise mit der *Nordstjernen* hat schon etwas Nostalgisches. So war Seefahrt früher: nah an den Elementen, rau und herzlich. Wenn ein Wende- oder Bremsmanöver mithilfe des Ankers gefahren wird, entspricht das nicht dem

MS NORDSTJERNEN

- Indienststellung: 1. März 1956
- Werft: Blohm & Voss, Hamburg
- BRZ: 2191
- Länge: 80,77 Meter
- Breite: 12,60 Meter
- Passagiere: 400
- Autostellplätze: 0

Angegeben sind die zertifizierten Passagierzahlen des jeweiligen Hurtigruten-Schiffes. Hurtigruten selbst gibt die Passagierzahlen teilweise etwas niedriger an.

Auf der »Nordstjernen« war der jüngste Kapitän der Hurtigruten tätig: Torry Sakkariassen. Nach ihrer letzten Ankunft in Bergen am 22. März 2012 ging das 1956 in Hamburg gebaute Schiff auf Kreuzfahrt nach Spitzbergen. Schiffsliebhaber schätzen an der »Nordstjernen« die Holzdecks und die klassischen Linien.

heutigen Stand der Technik. Die Ankerkette rasselt laut, lässt das ganze Schiff vibrieren. Aber genau darin liegt der Charme dieses Oldies, und es gibt genug Menschen, die auf diese ursprüngliche Art zu reisen schwören. Die *Nordstjernen* punktet nicht mit modernem Komfort, sie gewinnt durch Authentizität und Ursprünglichkeit.

Mit ihren knapp 81 Metern Länge ist die *Nordstjernen* viel kleiner als die modernen Hurtigrutenschiffe. Die maximale Passagierzahl von 400 Gästen ist eher theoretischer Natur, weil die Kabinen teilweise unter der Wasserlinie liegen und sehr klein sind. Die meisten Kabinen befinden sich auf Deck B und haben zumindest Bullaugen. Auf Deck C, wo auch die Gangway festgemacht wird, gibt es nur elf Kabinen. Aber wer mit der *Nordstjernen* reist, ist nicht auf der Suche nach Komfort. Wobei man allerdings nicht verschweigen sollte, dass die *Nordstjernen* lange über die Indienststellung hinaus als eines der schönsten Hurtigrutenschiffe galt. Und sie wurde immer wieder aufwendig restauriert, das Schiff wurde exzellent gepflegt.

Wie die *Lofoten* von 1964 kann auch die *Nordstjernen* keine Autos mitnehmen. Früher hat man zwei Fahrzeuge per Kran auf das Vordeck gehievt, aber das ist Geschichte. Fracht transportiert die *Nordstjernen* aber wie alle Hurtigrutenschiffe. Per Ladekran wird die Fracht durch die Ladeluke in das Vorschiff gehoben – nach heutigen Maßstäben sicher ein wenig umständlich, aber ein System, das über Jahrzehnte gut funktioniert hat.

Von 1956 bis 1994 versah die *Nordstjernen* ihren Liniendienst zwischen Bergen und Kirkenes. Als sie von der *Nordlys* abgelöst wurde, kam sie auf der damals noch bestehenden Route von Tromsø nach Spitzbergen zum Einsatz. Bereits 1995 war das Schiff zurück im Liniendienst als Ersatz für die *Ragnvald Jarl*, die unter dem Namen *Gann* ihre zweite Karriere als Schulschiff begann. Ab 1996 wurde sie als Kreuzfahrtschiff im Sommer rund um Spitzbergen eingesetzt. Dass sie noch einmal zwischen

Bergen und Kirkenes Dienst versehen sollte, glaubte damals niemand mehr. Doch weit gefehlt: Als Hurtigruten sich entschloss, im hiesigen Winter Antarktis-Kreuzfahrten mit der *Nordnorge* anzubieten, kam die *Nordstjernen* als Ablöser zurück. Zuerst nur im Winterhalbjahr, nach dem Verchartern der *Finnmarken* sogar wieder ganzjährig.

Es spricht für die Qualität des Schiffes, dass man ihm zutraute, weiter im Winter zu fahren! Die *Nordstjernen* hat die Aufgabe mustergültig und ohne Probleme gemeistert, auch nach über 50 Jahren im (beinahe) täglichen Liniendienst. Kein anderes Schiff kann auf eine so lange Karriere auf Hurtigruten zurückblicken. Während diese Zeilen geschrieben werden, liegt die *Nordstjernen* am Kai und steht zum Verkauf. Da der norwegische Reichsantiquar sie unter Denkmalschutz gestellt hat, dürfen die Liebhaber weiter hoffen, dass die *Nordstjernen* wieder auftaucht, ob überraschend im Liniendienst oder für Ausflugsfahrten.

Die »Nordstjernen« befindet sich trotz ihres hohen Alters in einem hervorragenden Zustand, sie wurde regelmäßig stilgerecht renoviert. Die »Nordstjernen« ist bekannt für die besonders gute Küche und das persönliche Verhältnis zwischen dem Personal und den Gästen.

Im Lichte der Jahreszeiten

Kalendarisch gibt es auch in Norwegen vier Jahreszeiten, aber – ehrlich gesagt – man merkt als Besucher davon viel weniger als in Mitteleuropa. Wie man es auch dreht und wendet, das rund 2500 Kilometer lange Land hat trotz seiner vielen verschiedenen Klimazonen im Grunde nur zwei Jahreszeiten: den Winter und den Sommer. Frühling und Herbst sind verschwindend kurze Episoden dazwischen.

Eine gewagte Behauptung? In Südnorwegen wird gern ein abgedroschener Witz bemüht: »Ruft jemand aus Oslo seinen Freund in Nordnorwegen an und fragt ihn ›Wie war denn der Sommer bei Euch?‹ ›Ich weiß nicht, ich war gerade im Kino.‹« Das ist nicht sehr freundlich und zudem falsch, denn Nordnorwegen kann hervorragende, trockene Sommer haben. Wobei die Betonung auf »kann« liegt. Denn auch im August ist ein Schneeschauer am Nordkap nichts Ungewöhnliches. Und auf der »Passhöhe« nach Kjøllefjord – bei knapp über 300 Höhenmetern wächst hier bereits kein Strauch mehr – sind drei Grad Anfang August auch nichts Ungewöhnliches. Bemüht man nun noch das alte Vorurteil, es würde in Bergen in Westnorwegen ständig nur regnen, kann man nach Frühling und Herbst auch noch den Sommer streichen? Nein.

Man tut gut daran, sich dem Thema Jahreszeiten in Norwegen ohne Emotionen zu nähern. Eigentlich redet man nämlich nicht über die Jahreszeit, sondern über das Wetter. Und über Licht und Dunkelheit. Das sind die Eindrücke, die

Man glaubt es kaum: Norwegen zählt mehr Elche als Schweden. Hier eine Mutter mit Kalb unweit des Saltstraumen bei Bodø.

Keine Kreuzfahrt verläuft so nah an der norwegischen Küste wie eine Reise mit Hurtigruten. Ein ständig wechselndes Landschaftsbild mit Inseln wie am Stokksund (oben), hohen Bergen wie auf den Lofoten (Mitte), pittoresken Fischerhütten und Bootshäusern (unten) begleitet das Schiff und seine Passagiere zwischen Bergen und Kirkenes.

eine Reise mit Hurtigruten prägen. Zwei Faktoren sind ausschlaggebend: Zum einen der warme Golfstrom entlang der norwegischen Küste, der für ein ausgeglichenes maritimes Klima sorgt. Die Sommer nicht zu heiß, die Winter nicht zu kalt. Ganz anders sieht es im Inland aus, vor allem nördlich des Polarkreises. Ein Inlandsklima mit heißen Sommern und knackig kalten Wintern ist hier normal, vor allem im äußersten Nordosten nahe der finnischen Grenze.

Die große Nord-Süd- sowie die große Ost-West-Ausdehnung Norwegens, die oft übersehen wird, sind der zweite entscheidende Faktor für das Wetter. Sprechen wir über Westnorwegen, gibt es natürlich einen Frühling. Die Obstbäume am Hardangerfjord blühen zwei bis drei Wochen später als in Norddeutschland, aber sie blühen. Der Mai ist statistisch gesehen einer der trockensten Monate in Westnorwegen. Die Pässe in den Bergen sind jedoch noch längst nicht alle wieder freigegeben, hier erwarten Urlauber teils noch meterhohe Schneewände. Die Frage ist, was man sieht: Die blühenden Bäume im Tal oder den Schnee in den Bergen?

Gehen wir nach Vardø in den östlichsten Hafen Norwegens, ganz oben im Norden. Auch hier gibt es einen Frühling, aber er fühlt sich nicht an wie unser Frühling. Bis in den Mai hinein liegt noch Schnee und Temperaturen über zwölf Grad gelten schon als sommerlich. Hier sind Ende August und der September oft die stabilsten, schönsten Monate. So weit nördlich setzt der Herbst früher ein, die ersten Nachtfröste sind im September zu erwarten. Aber das Gefühl für Landschaft und Jahreszeit wird nicht nur von der Temperatur gesteuert, sondern auch vom Auge. Das flache Licht des Nordens verändert die Farben, lässt grau-grüne, kahle Hänge golden schimmern. Es ist ein warmes Licht – da mag das Thermometer zeigen, was es will. Nein, die Jahreszeit spielt kaum eine Rolle. Es ist das großartige Licht des Nordens, das in Erinnerung bleibt.

Hurtigruten ist ideal für Seh-Leute: Es gibt immer etwas zu gucken. Die Postflagge weht seit eh und je vom Heck, auch wenn die meiste Post heute per Flugzeug transportiert wird.

Das warme, flache Licht des Nordens taucht die Landschaft immer wieder in die schönsten Farben. Besonders beliebt ist die Zeit der Mitternachtssonne, wenn die Sonne nördlich des Polarkreises nicht hinter dem Horizont verschwindet.

Der kurze Herbst färbt Moose, Flechten und Bäume bunt. Dann bekommt auch der Nærøyfjord (oben und rechts) ein neues Kleid.

Seite 26/27: Verschneite Landschaft beim Leuchtturm Buholmråsa Fyr, der 1917 gebaut wurde, um den Schiffen den Weg an der Küste Trøndelags zu weisen.

BRYGGEN
KNUT SKURTVEIT

1. TAG

AUF DEN SPUREN DER HANSE

REISEBEGINN IN BERGEN

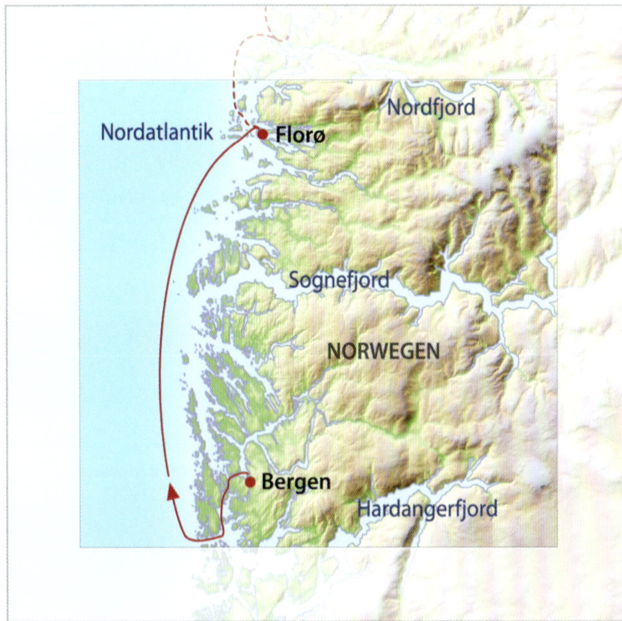

Für Urlauber ist Bergen der Dreh- und Angelpunkt einer Reise mit Hurtigruten. In der zweitgrößten Stadt Norwegens beginnt die Schiffsreise gen Norden, und wer die zwölftägige Rundfahrt bucht, steigt am Ende auch wieder in Bergen aus. Die vielen Sehenswürdigkeiten, darunter das berühmte Hanseviertel, aber auch die umliegenden Fjorde wie der Hardangerfjord und der Sognefjord mit seinen Armen, bieten gute Gründe, den Aufenthalt in Bergen vor Antritt oder nach Abschluss der Fahrt mit Hurtigruten zu verlängern.

Zwischen Bryggen und Fischmarkt

Seite 28/29: Die Abendsonne lässt die ältesten Häuser des Hanseviertels Bryggen erstrahlen. Vorn lagen einst die Büros der Kaufleute, schmale Gänge führen in die Hinterhöfe zu den Speichern.

Viele Häuser im Hanseviertel Bryggen haben die Hansezeit nicht mehr erlebt, zu oft haben Stadtbrände die hölzernen Bauten heimgesucht.

Geschützt von Inseln, umgeben von sieben Bergen, liegt Norwegens zweitgrößte Stadt im Westen des Landes. Fjordnorwegen nennt sich die Region, die aus vier Fylker besteht: Rogaland, Hordaland, Sogn og Fjordane und Møre og Romsdal. Auch wenn ein Fylke die Größe eines Bundeslandes hat, entspricht es von den Aufgaben her eher einem Regierungsbezirk. Natürlich gibt es auch andernorts in Norwegen Fjorde, aber nirgends sind sie länger und tiefer als in Fjordnorwegen. Mit dem rauen Lysefjord bei Stavanger, dem eher lieblichen Hardangerfjord in Bergens Hinterland und dem langen Sognefjord trifft man hier auf die berühmtesten Fjorde – nicht zu vergessen den Geirangerfjord.

Für diese Region ist Bergen das Zentrum, allein das weiter südlich liegende Stavanger kann da noch mithalten. Seine starke Position hat Bergen der Hanse zu verdanken. Allerdings war Bergen keine stimmberechtigte Hansestadt, sondern verfügte nur über ein Kontor der Hanse, wie London übrigens auch. Ihre Handelsprivilegien setzte die Hanse 1284 mit Gewalt durch: Erst nach einer Seeblockade des Hafens konnte das Hanseviertel am Hafen entstehen. Es war eine Art eigener Staat in der Stadt, denn hier galt lübisches Recht, nicht norwegisches Recht.

Lange hatten die Bergenser ein gespaltenes Verhältnis zu ihrem Hanse-Erbe. Aufgrund der Besetzung Norwegens durch die deutsche Wehrmacht im Zweiten Weltkrieg wurde

Eine Folklorekapelle von der Insel Askøy musiziert vor den Hansehäusern (oben). Ob »Bergens Tidende«, eine der größten Zeitungen Norwegens, von dem kleinen Konzert berichtet?

Tyskebryggen, der deutsche Kai, nach dem Krieg in Bryggen, Kai, umbenannt. Nach einem verheerenden Stadtbrand 1955 gab es sogar Überlegungen, das gesamte Viertel abzureißen. Heute ist man in Bergen froh, die Holzhäuser an der Bucht Vågen erhalten zu haben, sind sie doch der größte Touristenmagnet Bergens. Die ältesten Häuser stammen aus dem frühen 18. Jahrhundert, weil immer wieder Brände das Viertel heimsuchten. Obwohl diese Häuser nicht mehr aus der Hansezeit stammen, zeigen sie doch gut, wie die Kaufleute damals lebten. Zur Hafenseite lagen die Büros und Wohnräume des Kaufmanns, dahinter befanden sich die Speicher und Wohnräume der Gesellen. Im Hansemuseum lässt sich die Aufteilung der Räume schön erkennen.

Wie schon zu Zeiten der Hanse spielt sich heute das Leben rund um die Bucht Vågen ab: Während Bryggen fest in den Händen internationaler Touristen ist, trifft man auf dem Fischmarkt am Ende der Bucht auch wieder Norweger. Es gab eine Zeit, zu der hier nur billiger Schnickschnack an Souvenirständen verkauft wurde. Glücklicherweise wurde

Die Håkonshalle in Bergen (linke Seite) stammt aus dem 13. Jahrhundert. Sie war schon fast verfallen, als 1841 Johan Christian Dahl, Professor für Malerei in Dresden und Freund von Caspar David Friedrich, eine Initiative zur ihrer Rettung startete.

Die St.-Olav-Kirche aus dem 12. Jahrhundert birgt einen Altar, der im Jahr 1884 vom norwegischen Architekten Christian Christie errichtet wurde (oben und links).

Seite 34/35: Einen traumhaften Blick auf Bergen hat man vom Berg Fløyen, auf den eine Standseilbahn hinaufführt.

die Zahl dieser Stände beschränkt, heute steht der frische Fisch wieder im Vordergrund. Die einfachen Bänke und Tische sind immer voll besetzt, und es gibt leckere kleine Gerichte zu kaufen.

Bergen ist eine lebhafte Stadt, nicht nur der vielen Urlauber wegen, die aus aller Welt hierherkommen. Der Hafen gehört zu den größten seiner Art in Europa, gemessen an der Menge der umgeschlagenen Fracht. An der 1946 eingerichteten Universität studieren rund 17 000 Studenten, hinzu kommen etwa 3000 Mitarbeiter – allein die Universität entspricht also schon einer Kleinstadt. Wichtig ist Bergen auch als Versorgungspunkt für die Ölbohrinseln in der Nordsee, ob per Hubschrauber oder mittels der großen Versorgungsschiffe und Schlepper.

BERGEN – STADTPANORAMA VOM FLØYEN

Europaweit eines der schönsten Städtepanoramen ist der Blick über Bergen vom Hausberg Fløyen (s. S. 34/35). In nur wenigen Minuten per Standseilbahn zu erreichen, verzaubert er besonders zur »blauen Stunde«, dem kurzen Übergang von der späten Dämmerung in die Dunkelheit. Für diese etwa 15 Minuten sollte das Stativ unbedingt dabei sein, auch für die Consumer-Kamera. Bei abgeschaltetem Bildstabilisator, niedriger ASA-Zahl und Blende 8 für mehr Schärfentiefe ergibt sich eine Belichtungszeit von etwa 16 Sekunden. Ein leichtes Weitwinkelobjektiv bis Normalbrennweite ist bei diesem Motiv sinnvoll.

Die exquisite Lage zieht exquisite Preise nach sich: Das Fischrestaurant »Enhjørningen« befindet sich in einem ehemaligen Speicherhaus auf Bryggen. Preiswerter isst und trinkt man in einem der vielen Studentencafés.

Nachdem es auf dem Bergenser Fischmarkt einige Jahre lang nur billige Souvenirs gab, hat er heute seinen ursprünglichen Charakter zurückerhalten. Es wird wieder frischer Fisch für die Einheimischen feilgeboten, dazu leckere Fischgerichte für die Touristen aus aller Welt.

Pittoreske Holzhäuser und lebendige Geschichte in Bergen

WO AUCH IMMER MAN SEINEN STADTRUNDGANG beginnt, der erste Gang führt den Urlauber in das Hanseviertel Bryggen. Schmale Gassen führen zwischen den Holzhäusern hindurch in die Hinterhöfe, die Giebel stoßen fast aneinander. Gern geht man anschließend den Festungskai weiter hinaus, dorthin, wo sich die Håkonshalle aus dem 13. Jahrhundert über dem Hafen erhebt. Der benachbarte Rosenkrantzturm wurde gegen Ende der Hansezeit im 16. Jahrhundert erbaut, um die Hafeneinfahrt zu schützen. Was früher als Verteidigungsschanze diente, ist heute ein kleiner Park.

Den vielleicht besten Blick über Bergen und die vorgelagerten Inseln hat man vom Berg Fløyen. Wenige Meter vom Fischmarkt entfernt befindet sich die 1918 eingeweihte Standseilbahn, die hinauf auf den Hausberg führt. Auf dem Fløyen beginnt ein populäres Wandergebiet der Bergenser, eine Cafeteria und ein Restaurant locken Ausflügler.

Ein interessantes Viertel liegt »unten« auf der Halbinsel Nordnes, die sich zwischen dem Hurtigrutenkai und der Innenstadt befindet. Treppen und steile Gassen führen über Nordnes. Die weißen Holzhäuser dieses Stadtteils zählen zur ältesten erhaltenen Bebauung Bergens. In der ehemaligen Sardinenfabrik haben Kunsthandwerker ein Zuhause gefunden, auf der Spitze der Halbinsel befindet sich das Bergenser Aquarium, wo man viele heimische Meeresbewohner in ihrem Element erleben kann.

Für einige Sehenswürdigkeiten muss man den Bus nehmen, beispielsweise um in das Freilichtmuseum Gamle Bergen mit seinen schönen, alten Holzhäusern zu gelangen oder nach Troldhaugen, dem Haus des Komponisten Edvard Grieg.

Der Besuch in einem der zahlreichen Souvenirgeschäfte gehört für viele Urlauber zu einem Besuch in Bergen. Besonders beliebt sind gestrickte Norweger-Pullover und Jacken.

Bis in die steilen Gassen der Halbinsel Nordnes finden nur wenige Touristen den Weg (links unten), während Troldhaugen, das Haus des Komponisten Edvard Grieg, zum festen Besuchsprogramm gehört (oben).

DAS PANORAMA-SCHIFF

KREUZFAHRT-AMBIENTE AUF DER MS MIDNATSOL

MITTERNACHTSSONNE HEISST das jüngste und größte Schiff der Hurtigruten. Natürlich möchten die meisten Reisenden die Mitternachtssonne in Norwegen erleben, diesen Zeitraum, in dem die Sonne nördlich des Polarkreises nicht hinter dem Horizont verschwindet. Wenn man nun aber glaubt, der Schiffsname sei gewählt worden, um Touristen anzulocken, irrt man. *Midnatsol* ist einer der ältesten Namen in der langen Geschichte der Hurtigruten. Drei Vorgängerinnen hat die aktuelle *Midnatsol*: In den Jahren 1910, 1949 und 1982 wurden Schiffe des gleichen Namens für die Strecke zwischen Bergen und Kirkenes in Dienst gestellt. Seit 1910 hat es also mehr als hundert Jahre lang immer ein Schiff namens *Midnatsol* auf Hurtigruten gegeben – was für eine Tradition!

MS MIDNATSOL

- Indienststellung: 15. April 2003
- Werft: Fosen Mekaniske Verksteder, Rissa
- BRZ: 16 151
- Länge: 135,75 Meter
- Breite: 21,50 Meter
- Passagiere: 1000
- Autostellplätze: 45

Die *Midnatsol* zählt zusammen mit der nahezu baugleichen *Trollfjord* zu den beiden Schiffen der Flotte, die nahezu Kreuzfahrtstandard bieten. Die Reederei Troms Fylkes Dampskibsselskap (TFDS) aus Tromsø hatte beide Schiffe in Auftrag gegeben, sie waren der ganze Stolz

der Nordnorweger bei der Indienststellung 2002 und 2003. Der gläserne Aufzug im Foyer, die zweigeschossigen Panoramasalons – so viel Luxus hatte es zuvor auf den sonst eher zweckmäßig eingerichteten Schiffen der Hurtigruten nicht gegeben. Mit Whirlpools auf dem Oberdeck hatte bereits die *Finnmarken* geglänzt.

Mit einer Länge von 135,75 Metern nutzt die *Midnatsol* die maximal mögliche Schiffsgröße in den kleinen Häfen aus. Auch die Breite liegt mit 21,50 Metern an der Obergrenze dessen, was in den Hafeneinfahrten möglich ist. Damit sind die *Trollfjord* und die *Midnatsol* die größten Schiffe in der Flotte von Hurtigruten.

Besonders im Vergleich zu den klassischen Schiffen wird der Fortschritt deutlich: Die *Midnatsol* ist 48 Meter länger als die *Lofoten* und 8,30 Meter breiter. Die *Lofoten* ist als letztes Beispiel der sogenannten klassischen Schiffsgeneration aus den Fünfziger- und Sechzigerjahren noch im Liniendienst unterwegs.

Wo auf den klassischen Schiffen teilweise der Anker für Brems- und Wendemanöver genutzt werden musste – was mit einer entsprechenden Geräuschentwicklung im gesamten Schiff verbunden ist – helfen der *Midnatsol* drei Seitenstrahlruder im Bug, in engen Häfen wie Stamsund, Svolvær oder Kjølleford zu wenden.

So lässt sich Norwegen bequem entdecken: Ein großartiges Panorama eröffnet der zweistöckige Salon auf der »Midnatsol«. Mehr Plätze und größere Fenster sorgen für den perfekten Rundumblick, nicht nur im Geirangerfjord (linke Seite).

Gebaut wurde die *Midnatsol* auf zwei Werften: Der Rumpf entstand im schwedischen Landskrona bei Bruces Verkstad A/B. Nach dem Stapellauf wurde der Rumpf zum weiteren Ausbau nach Rissa im Trondheimsfjord geschleppt, wo die abschließenden Arbeiten bei Fosen Mekaniske Verksteder in Rissa durchgeführt wurden.

Die Taufe fand in Hamburg statt, was nicht nur der Bedeutung des deutschen Marktes für Hurtigruten geschuldet war, sondern auch der Taufpatin. Rut Brandt, einst Gattin von Bundeskanzler Willy Brandt, taufte die *Midnatsol* am 22. März 2003. Gleich zwei Schiffe der Hurtigruten waren anlässlich der Taufe in Hamburg: Auch die *Nordstjernen*, 1956 bei Blohm & Voss in Hamburg gebaut, hatte an den Hamburger Landungsbrücken festgemacht. Die feierliche Taufe der *Midnatsol* fand am ehemaligen England-Terminal in Hamburg-Altona statt. Geladene Gäste erlebten einen Kurzauftritt des A-ha-Sängers Morten Harket, der in Norwegen als einer der wenigen Popstars des Landes immer noch einen sehr guten Ruf hat, und ein exzellentes Fisch-Buffet aus norwegischen Rohwaren.

Die *Midnatsol* verfügt über ein zusätzliches Deck im Vergleich zu den anderen jüngeren Hurtigrutenschiffen. Dass sie auf neun Decks kommt, statt wie die *Richard With* und andere Schiffe auf sieben Decks, hat mit der Zählung zu tun. Das Autodeck liegt auf den anderen Schiffen auf Deck zwei, bei der *Trollfjord* und der *Mid-*

natsol heißt es Deck drei – bei gleicher Höhe über der Wasserlinie. Das zusätzliche Deck wurde auf der *Midnatsol* achtern für hochwertige Kabinen genutzt. Zehn Suiten und zwei Eignersuiten hat die *Midnatsol* extra erhalten. Im vorderen Bereich kommt der gewonnene Raum dem Panoramasalon zugute, der sich über zwei Decks erstreckt. Man darf dabei aber nicht aus den Augen verlieren, dass auch die *Midnatsol* nicht nur für Urlauber gebaut wurde, sondern für den Liniendienst entlang der norwegischen Küste. Auch diese Passagiere nutzen gern die Sessel des Panoramasalons. Und es gibt eine weitere Besonderheit, die für Urlauber an Bord aber unsichtbar bleibt: Die *Midnatsol* ist für 1000 Passagiere zertifiziert, das sind 178 Gäste mehr als auf der baugleichen *Trollfjord*. Der Unterschied hat mit der Baufinanzierung zu tun: Die norwegische Marine hat einen Baukostenzuschuss gezahlt, damit sie die *Midnatsol* im Krisenfall als Hospitalschiff rekrutieren kann. Natürlich sieht man als Gast nichts davon, nichts erinnert an ein schwimmendes Lazarett. Aber für die Finanzierung der Baukosten war dies eine geschmeidige Lösung, die im Übrigen auch für den Bau der *Finnmarken* gewählt wurde.

Die »Midnatsol« ist mit allen Annehmlichkeiten ausgestattet, vom Whirlpool an Deck bis zur Sauna mit Meerblick. Die Standard-Außenkabinen verfügen über ein Sofa, das sich zum Bett umfunktionieren lässt. Schön gelöst: Der gläserne Aufzug fährt durch das offene Atrium von der Rezeption zum Sonnendeck.

CLARION COLLECTION
HOTEL BRYGGEN

2. TAG

FJORDNORWEGEN

FLORØ – MÅLØY – TORVIK – ÅLESUND – GEIRANGER – MOLDE

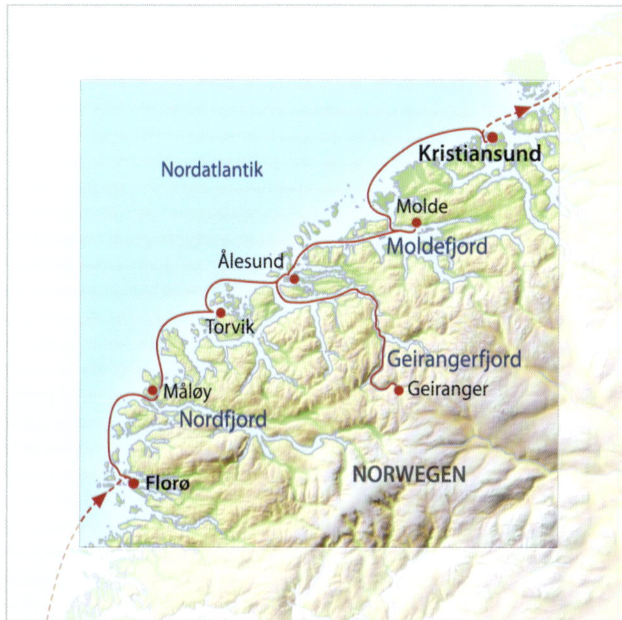

Der Tag beginnt mit nächtlichen Anläufen in kleinen Häfen wie Florø und Torvik an der westnorwegischen Küste. Die Liegezeit in der Jugendstilstadt Ålesund unterscheidet sich je nach Jahreszeit: Im Winter haben die Gäste drei Stunden Zeit für eine ausführliche Stadtbesichtigung, im Sommer wartet stattdessen mit dem Abstecher in den Geirangerfjord einer der Höhepunkte der Reise. Der abendliche Anlauf in Molde mit seinem fantastischen Bergpanorama beschließt einen eindrucksvollen Reisetag mit Hurtigruten.

Von der Küste in die Fjorde

Seite 44/45: Der Brosund zieht sich quer durch Ålesund. Für die Fischer war der Sund einst die Hauptstraße der westnorwegischen Stadt.

Florø wird nordgehend mitten in der Nacht angelaufen – hell ist es dort im Sommer aber trotz dieser Uhrzeit.

Abends verlässt das Schiff den Hafen von Bergen und zieht in die Nacht hinaus. Schnell bleiben die Häuser der Hansestadt zurück. Die Zahl der Lichter an Land wird kleiner, die meisten Gäste gehen in die Koje. Zwei Routen stehen den Kapitänen der Hurtigrutenschiffe zur Wahl: Eine führt durch den Herdlafjord, geschützt durch die Insel Askøy. Die zweite verläuft weiter außerhalb zwischen den Bergenser Schären, wo die Inseln Toftøy, Rongøy, Seløy und all die anderen eine dichte Kette zum Meer hin bilden.

Der Ausgang des Sognefjords wird nach etwas mehr als der halben Strecke zwischen Bergen und dem nächsten Hafen Florø passiert. Mit einer Länge von über 200 Kilometern und einer Tiefe von mehr als 1300 Metern ist der Sognefjord mit seinen Armen der mächtigste Vertreter seiner Art. Wer ihn als Gast von Hurtigruten sehen möchte, sollte von Bergen aus einen Ausflug machen. Es gibt eine Tagestour, die die Bahnstrecken der Bergenbahn und der Flåmsbahn mit einer kleinen Bootstour durch den Aurlands- und den Nærøyfjord sowie mit einer Busfahrt kombiniert.

Nächtliches Florø

Nur wenige sind wach, wenn morgens gegen zwei Uhr im Sommer oder kurz vor fünf Uhr im Winter Florø erreicht wird. Florø erhielt 1860 das Stadtrecht. Zu dieser Zeit gab es

große Heringsschwärme an der südnorwegischen Küste. In Stavanger erreichte die Konservenindustrie ihren Höhepunkt und Florø war einer der aufstrebenden Orte, die von der Heringsfischerei profitierten. Die planmäßige Anlage der Stadt ist im Zentrum bis heute zu erkennen. Leider ist die Liegezeit der Hurtigrutenschiffe sowohl nord- als auch südgehend so kurz, dass keine Zeit für einen Spaziergang bleibt. Sehr viel verpasst man jedoch nicht. Sicher, Florø hat ein paar nette historische Holzhäuser und eine schmucke weiße Kirche, aber der Ort ist geblieben, was er immer war: ein Fischerhafen und ein Unterzentrum für die knapp 9000 Einwohner zählende Gemeinde.

Verschlafenes Måløy

Måløy ist wohl der Hafen auf der gesamten Strecke, von dem die Hurtigrutengäste am wenigsten sehen. In beiden Fahrtrichtungen wird hier nachts festgemacht, nur im Winterhalbjahr erreicht das nordgehende Schiff Måløy um 7.30 Uhr – aber dann ist es meistens dunkel. Der Hafen liegt auf der der See abgewandten Seite der Insel Vågsøy – wie so oft ein sprechender Name: die Welleninsel. Nein, als Gast merkt man davon nichts, dank der genialen Streckenführung, die einst Kapitän Richard With zusammen mit seinem Lotsen entwickelte. Auch bei Måløy läuft das Schiff ruhig hinter den Inseln.

Måløy liegt auf der kleinen Insel Vågsøy, die über eine Brücke mit dem Festland verbunden ist.

Das ändert sich nördlich von Måløy, wenn das Vestkapp umrundet werden muss. Die hohen Felsen werfen die Wellen zurück, was zu einer unruhigen See führen kann. Zum Frühstück, wenn Torvik erreicht wird, ist das Schaukeln meist wieder vorbei. Das Vestkapp liegt auf der äußersten Spitze der Halbinsel Stadlandet, kurz auch Stad genannt, und ist 496 Meter hoch. Oft hängen die Wolken hier tief, sodass der Aussichtspunkt oben in Wolken gehüllt ist. Der norwegische Wetterbericht unterscheidet in nördlich und südlich von Stad, das Vestkapp bildet oft auch eine Wetterscheide.

Ein Hafen für die Vogelinsel

Torvik ist kaum mehr als ein Anleger. Von hier werden mehrere Inseln versorgt, darunter die bei Ornithologen bekannte und beliebte Vogelinsel Runde. Rund 500 000 Seevögel sind auf den Vogelfelsen von Runde heimisch. Besonders populär sind die possierlichen Papageitaucher mit ihren bunten Schnäbeln. Seit 1982 ist Runde über Brücken mit den Nachbarinseln und dem Festland verbunden.

Die Welt der Sørøyane, der »Südinseln«, ist schon speziell und gibt einen Vorgeschmack auf das Landschaftserlebnis weiter im Norden an der Küste. So ist Runde nur 6,2 Quadratkilometer groß, aber bis zu 333 Meter hoch. Die benachbarte Insel Nerlandsøy ist sogar bis zu 431 Meter hoch, und die Berge auf den größeren Inseln wie Hareidlandet und Gurskøya messen über 600 Höhenmeter. Diese aus dem Meer aufragenden Felsen wirken umso dramatischer, je kleiner die Inselfläche ist. Bis heute sind diese Inseln vergleichsweise dicht besiedelt – schließlich hat das Leben in Norwegen immer hauptsächlich am Wasser stattgefunden.

Gegenüber von Torvik auf der anderen Seite der Bucht liegt auf der Insel Hareidlandet die Ortschaft Ulsteinvik. Zwei Werften aus Ulsteinvik haben Schiffe für die aktuelle Flotte der Hurtigruten gebaut: die *Finnmarken*, die *Nordkapp* und die *Nordnorge* entstanden bei Kværner Kleven, die *Polarlys* wurde auf der benachbarten Ulstein Verft gebaut. Ulsteinvik hat nur rund 5000 Einwohner, die hauptsächlich von der maritimen Industrie leben: Neben den beiden Werften hat auch der Motorenhersteller Rolls-Royce Marine sein Hauptquartier für den Offshore-Bereich in Ulsteinvik.

Torvik ist nur ein kleiner Anleger, der dazu dient, die Inseln Leinøy, Runde und Bergsøy zu versorgen. Diese sind zwar längst über Brücken ans Straßennetz angeschlossen, aber der Anlauf von Hurtigruten ist eben auch ein Stück Kulturgeschichte.

Hurtigruten transportiert noch immer auch Fracht, ob Postsäcke, neue Autofelgen oder Ersatzteile für einen Traktor. Das Verstauen der Ladung in der richtigen Reihenfolge für die vielen verschiedenen Anlaufhäfen ist eine Kunst für sich.

LIVSFARLIG
KABEL

Seite 50/51: Vor Torvik endet die unruhige Fahrt um das Westkap, durch Inseln geschützte Fahrwasser sorgen für ein geruhsames Frühstück.

Jugendstil in Ålesund

Mit Ålesund wird ein erster Höhepunkt der Reise erreicht. Der Anleger der Hurtigrutenschiffe befindet sich im Zentrum der Jugendstilstadt, nur wenige Meter von der Fußgängerzone und dem Sund entfernt, der sich quer durch die Innenstadt zieht. Leider ist im Sommer die Zeit begrenzt, um sich Ålesund anzuschauen. Morgens liegt das Schiff auf der nordgehenden Route nur 45 Minuten im Hafen, abends – nach dem Abstecher in den Geirangerfjord – ist der Stopp noch kürzer. Theoretisch ist es zwar möglich, morgens auszusteigen und am Abend wieder an Bord zu gehen, aber wer mag schon auf die Fahrt durch den Geirangerfjord verzichten? Zwischen Oktober und April stehen immerhin drei Stunden für einen Stadtrundgang zur Verfügung.

Im Januar 1904 wurde Ålesund durch einen schweren Stadtbrand zerstört, 850 Häuser lagen in Schutt und Asche. Der deutsche Kaiser Wilhelm II., ein großer Nordland-Freund, der regelmäßig mit seiner Yacht *Hohenzollern* durch die Fjorde kreuzte, sorgte für Hilfe in Form von Hilfsmann-

ÅLESUND – HAUSBERG AKSLA

Auch wenn motivische Ähnlichkeit mit Bergen (s. Fototipp S. 36/37) besteht, so ist der Aufstieg der 418 Stufen zur Aussichtsterrasse des Hausbergs Aksla unbedingt zu empfehlen. Der Blick über die Stadt und die vorgelagerten Inseln ist atemberaubend (s. S. 56/57). Allerdings hat man nur in den Monaten Zeit dazu, in denen das Schiff nicht in den Geirangerfjord fährt. Planen Sie mindestens 1–1½ Stunden für den Ausflug ein. Schneller geht es mit Bus oder Taxi.

Ein leichtes Weitwinkelobjektiv von ca. 28–35 mm reicht für die Panoramaansicht aus. Ein Teleobjektiv von ca. 90–120 mm ist gut, um das Jugendstilensemble am inneren Hafen im Detail aufzunehmen. Am Morgen streift bei Sonne das Licht aus östlicher Richtung die Stadt und die Konturen heben sich besonders gut ab. Aber auch die monochrome Farbgebung im Winter hat ihren besonderen Reiz.

Vom Hurtigruten-Anleger sind es nur wenige Schritte in die Innenstadt von Ålesund, in der es immer noch einige sehenswerte Jugendstilhäuser zu besichtigen gibt.

BLOD OG ILD
FRELSES-ARMEEN

In der denkmalgeschützten ehemaligen Schwanen-Apotheke von Ålesund wurde ein Informationszentrum zur Geschichte des Jugendstils in Norwegen eingerichtet.

schaften und Zelten. Auch finanziell unterstützte der deutsche Kaiser den Wiederaufbau Ålesunds. Aus Sicherheitsgründen wurde nun in Stein gebaut statt wie zuvor in Holz. So entstand Ålesund neu, ganz im Zeichen des damals populären Jugendstils.

Schon drei Jahre nach dem großen Stadtbrand war das Zentrum weitgehend wieder aufgebaut. Rund 300 Jugendstilbauten waren neu entstanden, wobei sich die Architekten um eine norwegische Variante bemühten: Anleihen aus der nordischen Mythologie und dem Mittelalter waren damals sehr beliebt. Zu den Besonderheiten gehörte, dass die Dächer mit Schiefer gedeckt wurden statt mit Ziegeln. Man versprach sich davon einen besseren Schutz gegen eventu-

ellen Funkenflug. Natürlich sind nicht mehr alle Gebäude aus dieser Zeit erhalten, manche Bausünde der letzten 40 Jahre hat den Bestand verkleinert. Aber selbst auf einem kurzen Spaziergang lässt sich das eine oder andere Jugendstil-Kleinod entdecken. Wer sich für dieses Thema interessiert, sollte einen Besuch im Jugendstil-Zentrum nicht versäumen. Es befindet sich in einem der schönsten Art-noveau-Gebäude der Stadt, in der ehemaligen Schwanen-Apotheke, nur eine Viertelstunde zu Fuß vom Schiff entfernt.

Auf manchen Landausflügen wird dem Berg Aksla ein Besuch abgestattet. Sportliche Naturen wandern vom Zentrum aus und nehmen die Treppen auf den 189 Meter hohen Berg, aber 418 Stufen sind schon eine Herausforderung. Zum Glück gibt es eine Zufahrt, sodass auch Busse den Weg hinauf finden können. Von hier oben schaut man über das Stadtzentrum und über die Inseln hinweg bis auf das offene Meer. In drei Himmelsrichtungen reicht der Blick, was den Aksla zu einem der besten Aussichtspunkte an der norwegischen Küste macht. Oben gibt es ein kleines Ausflugslokal, bei dem der Blick aber mitbezahlt werden muss.

Es gibt eine kurze Zeitspanne, in der man sich nicht zwischen dem Geirangerfjord und einem Besuch von Ålesund entscheiden muss: Zwischen Mitte April und Ende Mai ist der Pass Trollstigen noch gesperrt, aber Geiranger wird nach dem Sommerfahrplan bereits angelaufen. Dann fährt der Bus von Geiranger nach Ålesund zurück, macht einen Stopp auf dem Aksla und bietet anschließend noch eine kurze Stadtrundfahrt durch Ålesund.

Das »Børsen« ist eines von mehreren Restaurants in Ålesund, in denen man sehr gut Fisch essen kann.

Seite 56/57: Blick über Ålesund vom Berg Aksla aus. Die durch Inseln geschützte Lage der Stadt ist schön zu erkennen.

Geiranger – ein Juwel von einem Fjord

GEIRANGER IST WELTBEKANNT durch den gleichnamigen Fjord. Dabei leben in der kleinen Ortschaft nur 255 Menschen. Dem gegenüber steht die Zahl von rund 700 000 Besuchern jedes Jahr. Die meisten davon kommen im kurzen norwegischen Sommer zwischen Mitte Juni und Mitte August. Drei Hotels, Hüttenanlagen und Campingplätze versuchen, die Urlauberströme in dem Dorf am Fjordende unterzubringen, sofern sie nicht per Kreuzfahrtschiff und mit Hurtigruten gleich wieder entschwinden.

Es ist die dramatische Lage in diesem Talkessel, umgeben von schroffen, steilen Bergen, die Geiranger so attraktiv macht. Lange war es schwierig, das Dorf überhaupt zu erreichen: 1889 wurde die erste Straße über die Berge gebaut, knapp hundert Jahre später erfolgte der zweispurige Ausbau. Bis heute ist die Straße 63, die hinauf in Richtung Strynefjell führt, im Winter gesperrt. Oft reicht die Wintersperre bis Ende Mai! Der Wasserweg war über Jahrhunderte der einzig sichere Zugang.

Die Straße nach Norden, die aufgrund ihrer gewagten Serpentinen Berühmtheit erlangte, entstand 1956, also zu einer Zeit, als das Automobil sich auch in Norwegen langsam als Verkehrsmittel für die breite Masse durchsetzte. Der spektakuläre Verlauf der »Adlerstraße«, wie sie genannt wurde, vor allem aber der Aussichtspunkt am Ørnesvingen, der Adlerschwinge, legten den Grundstein für den Ruf Geirangers als Touristenziel.

Es ist ausschließlich die Natur, die hier mit Fug und Recht dramatisch genannt werden darf. Die Straßen nach Geiranger waren zu ihrer Entstehungszeit jeweils bauliche Meisterleistungen. Doch schon damals hatte man den aufkommenden Tourismus im Hinterkopf: Der Nibbevegen, der auf den Aussichtsberg Dalsnibba hinaufführt, wurde 1937 bis 1939 auf Initiative der örtlichen Fremdenführer-Organisation gebaut. Die offizielle Eröffnung fand jedoch erst 1948 statt. Als mautpflichtige Stichstraße führt der Nibbevegen auf ein Plateau, von dem aus man einen herrlichen Blick hinab auf den Geirangerfjord und den Ort hat. Wie Spielzeug sehen die Kreuzfahrtschiffe dort unten aus.

Die meisten Karten weisen die Höhe des Dalsnibba mit 1476 Metern aus, droben steht allerdings ein Schild, auf dem 1500 Meter angegeben sind. Auch wenn der Nibbevegen nicht asphaltiert ist, so fahren doch nahezu alle Busse dort hinauf. Alle Besucher stürmen wie die Lemminge auf das Geländer zu, um den besten Fotospot zu erwischen. Drücken wir also die Daumen, dass die Wolken hoch genug ziehen und nicht zwischen Dalsnibba und Geiranger durch das Tal gleiten und die Aussicht verstellen. Denn ohne Blick auf Geiranger macht der Besuch keinen Sinn.

Spektakuläre Ausblicke am Trollstigen, der auf einer Bustour von Geiranger nach Molde im Sommer besucht wird: Ein neu erbauter Aussichtspunkt gibt den Blick von oben auf die akrobatische Straßenführung am Hang frei.

Es gibt Tage, an denen man vom 1500 Meter hohen Aussichtspunkt auf dem Berg Dalsnibba nur auf Wolken schaut statt bis hinab auf Geiranger. Die Aussichtsplattform Ørnesvingen an der Adlerstraße ermöglicht einen tiefen Blick in den engen Geirangerfjord.

Nur das kürzeste Stück der langen Revierfahrt führt durch den Geirangerfjord. Er misst nämlich nur 15 Kilometer. Zuvor wird von Ålesund aus der breite Storfjord durchfahren, bis bei Stranda in den Sunnylvsfjord abgebogen wird. Die kahlen Berge ragen zwischen 1500 und 1600 Meter in die Höhe, Ortschaften liegen hier keine mehr. Ganz klein wirkt das Schiff in dieser übermächtigen Landschaft. Erstaunlicherweise hat der Sunnylvsfjord gar keinen Ruf. Liegt es an dem schwierig auszusprechenden Namen? Oder daran, dass sich hier keine Wasserfälle den Hang hinab in den Fjord stürzen? An seinem Ende liegt mit Hellesylt der Fährhafen, der Geiranger mit der Außenwelt verbindet, wenn auf den Straßen im Winter kein Durchkommen ist.

Mit dem nächsten Kurswechsel biegt das Schiff in den Geirangerfjord ein. Wenn es das Wetter zulässt, sind alle Gäste an Deck. Ja, es wird noch enger als im Sunnylvsfjord. Die Ufer werden noch steiler. Und durch die S-Form des Fjords steigt die Spannung, was nach der nächsten Kurve wohl folgt. Keine Straßen am Ufer, der Wasserweg bildet den einzigen Zugang. Dann folgt mit dem »Brautschleier« der erste Wasserfall, der in keinem Reiseführer fehlt, sein Name erklärt die Form. »Die sieben Schwestern«, die sich in mehrere kleine Wasserfälle aufteilen, sind als Nächstes zu erkennen. Erst in der letzten Kurve sieht man das Fjordende mit der Ortschaft Geiranger. Backbord (für Landratten: links in Fahrtrichtung) taucht die Adlerstraße auf. Droben am Aussichtspunkt Ørnesvingen sieht man winzige Menschen stehen – es sind die Dimensionen, die hier so stark beeindrucken.

Es gibt keinen Kai in Geiranger, nur einen kleinen Fähranleger. So müssen die Gäste per Tenderboot an Land gebracht werden. Es ist ein Erlebnis für sich, wenn ein Rettungsboot zu Wasser gelassen wird, um dann längsseits zu gehen. Anschließend folgt die Busfahrt, entweder zurück nach Ålesund in der Vorsaison oder im Sommer über den Pass Trollstigen nach Molde, dem nächsten Hafen.

Die »Nordlys« hat das Ende des Geirangerfjords erreicht. Gleich dockt das Ausflugsschiff an, das die Passagiere an Land bringt.

Musikalisches Molde

Wenn der Abend hereinbricht, wird Molde erreicht. Hier treffen sich das nord- und das südgehende Schiff im Sommer gegen 22 Uhr. Die Liegezeit beträgt meist eine halbe Stunde, sodass Zeit bleibt, sich einmal kurz die Beine zu vertreten. Viel zu sehen gibt es nicht in Molde, einer freundlichen Kleinstadt mit rund 19000 Einwohnern, die wie ein großes Straßendorf am Ufer des Moldefjords liegt. Das Schönste an Molde ist der abendliche Blick auf die Berge im Inneren des Moldefjords: 222 Gipfel sollen angeblich zu sehen sein – wer auch immer sich die Mühe gemacht hat, sie zu zählen. Da die Berge östlich der Stadt liegen, werden sie im Abendlicht über den weiten Meeresarm wunderbar angeleuchtet.

Kaiser Wilhelm II. nannte Molde einst das »Nizza des Nordens«. Dank seiner charmanten Holzhäuser und der vielen Parks wurde Molde im ausgehenden 19. Jahrhundert ein Touristenmagnet. In den sanft ansteigenden Hängen wurden Parks angelegt, hölzerne Pavillons luden zum Verweilen ein. Zu dieser Zeit bekam die Stadt den Beinamen »Rosenstadt«. Ein schwerer Stadtbrand 1916 – Wilhelm II. war nun mit anderem beschäftigt als mit Nordlandreisen – sowie das deutsche Bombardement im April 1940 ließen von der historischen Bebauung nur wenig übrig. So wurde Molde im schlichten Nachkriegs-Funktionalismus neu erbaut. Von Molde aus ging der norwegische König Haakon VII. zusammen mit Kronprinz Olav an Bord eines englischen Kreuzers ins Exil.

Berühmt ist Molde für das seit 1961 jährlich stattfindende Jazz-Festival Moldejazz, eine der bedeutendsten Veranstaltungen dieser Art in Nordeuropa. Viele internationale Größen haben bereits in Molde gespielt, darunter Miles Davis, Oscar Peterson, Keith Jarret und John McLaughlin. Norwegens bekanntester Jazzmusiker, der Saxofonist Jan Garbarek, ist seit 1964 regelmäßig in Molde aufgetreten. Kleiner Wermutstropfen: Während des Festivals im Juli sind in Molde so gut wie keine Hotelzimmer zu bekommen, so beliebt ist die Konzertreihe.

Der Abschied aus dem Moldefjord hat oft etwas Romantisches: Das Schiff fährt genau nach Westen in den Sonnenuntergang hinein. Die 222 Gipfel bleiben zurück, es wartet auf dem Weg nach Kristiansund die Bucht Hustadvika. Hier ist das Meer oft kabbelig, durch die niedrige Wassertiefe entstehen hier kleine, unangenehme Wellen. An Land ist nicht mehr viel zu sehen, es ist an der Zeit, in die Koje zu gehen. Südgehend wird Kristiansund verschlafen, es wartet der Vormittag in Trondheim.

Das Jazzfestival in Molde lockt berühmte Musiker aus der ganzen Welt an. Zur Festivalzeit im Juli ist es schwer, in Molde noch ein Hotelzimmer zu bekommen.

Moderne Architektur am Fjord: Das Hotel »Seilet« ist der Form eines Segels nachempfunden, der Fjord spiegelt sich in seinen Fenstern. Der Beiname »Rosenstadt« wurde Molde Anfang des vergangenen Jahrhunderts verliehen.

Seite 64/65: Die Hurtigruten-Schiffe »Nordkapp« und »Midnatsol« treffen sich am Abend in Molde.

NORDKAPP
NORDKAPP
NARVIK
HURTIGRUTEN

HURTIGRUTEN

DIE SCHÖNE SCHWESTER

MS TROLLFJORD – EIN NEUER NAME FÜR HURTIGRUTEN

DIE TROLLFJORD WAR EINE SENSATION, als sie 2002 ihren Dienst für Hurtigruten aufnahm. Nie zuvor war ein so komfortables Schiff an der norwegischen Küste im Liniendienst unterwegs gewesen. Besonders der gläserne Lift, der von der Rezeption hinauf bis zum Panoramasalon führt, wurde bewundert. Während es auf den drei Schiffen der Achtzigerjahre, von denen die *Vesterålen* noch aktiv ist, keine einzige Suite gibt, verfügt die *Trollfjord* über 19 Suiten und Mini-Suiten, hinzu kommen zwei Grand-Suiten und zwei Eignersuiten. Kein Wunder, dass die *Trollfjord* mit einem Kreuzfahrtschiff verglichen wurde. Die *Trollfjord* setzt Maßstäbe.

MS TROLLFJORD

- Indienststellung: 18. Mai 2002
- Werft: Fosen Mekaniske Verksteder, Rissa
- BRZ: 16 140
- Länge: 135,75 Meter
- Breite: 21,50 Meter
- Passagiere: 822
- Autostellplätze: 45

Alle neueren Schiffe verfügen über Konferenzräume, die gern bei Gruppenreisen für Vorträge und Informationsveranstaltungen genutzt werden. Aber die *Trollfjord* verfügt – wie ihr nahezu baugleiches Schwesterschiff *Midnatsol* – sogar über ein Auditorium, auch das war neu. Die großzügigen Glasfronten, der zweigeschossige Panoramasalon – kein Wunder, dass die *Trollfjord* Aufsehen erregte in Norwegen. Bei den interna-

tionalen Touristen gab es von Beginn an geteilte Reaktionen. Auf der einen Seite standen diejenigen, die den gestiegenen Komfort begrüßten und genossen. Auf der anderen Seite beharrten die Traditionalisten darauf, dass nur Schiffe wie die *Nordstjernen* und die *Lofoten* das wahre Hurtigruten-Gefühl bieten könnten. Auch in Norwegen war das luxuriöse Konzept nicht unumstritten: Ist die *Trollfjord* noch ein Linienschiff der Hurtigruten, auf dem neben der Fracht und den Einheimischen auch Touristen mitfahren dürfen, oder ist es ein Touristenschiff, auf dem die Einheimischen nur noch geduldet sind? Es dauerte eine Weile, bis sich die Diskussionen rund um das neue Konzept gelegt hatten. Nach zehn Jahren ist die *Trollfjord* ein »normales« Hurtigrutenschiff geworden. Und auch die Kritiker von einst erkennen an, dass man mit dieser Sorte Schiff komfortabel unterwegs ist – selbst wenn die *Trollfjord* nie den historischen Charme einer *Nordstjernen* entwickeln wird.

An Bord der Hurtigrutenschiffe gibt es immer Kunstwerke, die von norwegischen Künstlern speziell für das jeweilige Schiff entworfen werden. Manchmal geht der Auftrag an einen einzigen Künstler, manchmal teilen sich mehrere Akteure die künstlerische Arbeit. Auf der Trollfjord gibt es jedoch eine Besonderheit:

Fast alle Schiffe auf Hurtigruten haben Traditionsnamen, manche blicken auf bis zu drei Vorläuferinnen gleichen Namens zurück. Die 2002 in Dienst gestellte »Trollfjord« hat einen Namen bekommen, den es nie zuvor in der Geschichte von Hurtigruten gab. Das Schwesterschiff der »Midnatsol« ist benannt nach dem kleinen Fjord auf den Lofoten.

einen Salon mit Werken von einem anderen Hurtigrutenschiff. Kaare Espolin Johnson (1907 bis 1994) war ein norwegischer Maler und Illustrator. Espolin Johnson war nahezu blind, er entwickelte schon früh eine spezielle Kratztechnik, und viele seiner Bilder sind in schwarz-weiß gehalten. Er bekam Aufträge von der öffentlichen Hand und sorgte für die Kunst am Bau in verschiedenen norwegischen Städten. In Deutschland erreichte er eine gewisse Bekanntheit durch seine Illustrationen zu Johan Bojers Roman *Die Lofotfischer* (1972).

Von der Nordenfjeldske Dampskibsselskap in Trondheim erhielt Kaare Espolin Johnson Ende der Fünfzigerjahre den Auftrag, die Ausschmückung der Salons auf der *Harald Jarl* zu gestalten. Als die *Harald Jarl* 1960 in Dienst gestellt wurde, hatte Espolin Johnson eine Reihe von Kunstwerken geschaffen, die Szenen aus der Lofotfischerei zeigen. 41 Jahre später lag die *Harald Jarl* am Trondheimsfjord bei der Werft Fosen Mekaniske Verksteder, wo die neue *Trollfjord* gebaut wurde. Ihr Liniendienst war beendet, sie diente seinerzeit nur noch als Hotelschiff und stand zum Verkauf, die Verhandlungen liefen bereits.

Über das, was dann folgte, gibt es offizielle und weniger offizielle Versionen: Fakt ist, dass die Idee entstand, die Kunstwerke von Espolin

Johnson auf der *Harald Jarl* zu demontieren und erneut auf der *Trollfjord* zu nutzen. So kam die *Trollfjord* zu ihrem sehr speziellen und traditionsreichen *Espolin Johnson Salon*. Schenkt man den inoffiziellen Versionen Glauben, war die *Harald Jarl* zu diesem Zeitpunkt bereits verkauft. Mit dem Satz »Das brauchen die kroatischen Käufer bestimmt nicht« sollen die Bilder in einer eher spontanen Aktion auf der *Harald Jarl* demontiert worden sein. Wie auch immer diese Aktion abgelaufen ist, so blieben auf diese Weise doch die Kunstwerke für Hurtigruten erhalten. Auf jeden Fall zeugt sie vom Traditionsbewusstsein nicht nur der Reederei, sondern auch aller Beschäftigten im Umfeld. Wahrscheinlich hatten die Initiatoren dieser Aktion sogar recht: Die gute, alte *Harald Jarl* wurde zu einem Kreuzfahrtschiff umgebaut und erhielt neue Kabinen und Salons. Wer weiß, was mit den Kunstwerken passiert wäre … Die 1960 für Hurtigruten gebaute *Harald Jarl* fährt unter neuem Namen übrigens noch immer als Kreuzfahrtschiff. Nach einer Generalüberholung 2012 soll sie in neuem Glanz erstrahlen. Möglicherweise treffen sich die ehemalige *Harald Jarl* und die *Trollfjord* ja noch einmal an der norwegischen Küste.

Die »Trollfjord« ist eines der Luxusschiffe der Hurtigruten. Davon zeugt nicht nur die gut bestückte Bar, sondern auch die vielen Suiten und Minisuiten, über die das Schiff verfügt. Heiß begehrt bei Sammlern sind die Poststempel, die es nur an Bord der Schiffe gibt.

3. TAG
KÖNIGSSTADT TRONDHEIM

KRISTIANSUND – TRONDHEIM – RØRVIK

Der heutige Tag steht ganz im Zeichen von Trondheim. Kristiansund wird nordgehend nachts angelaufen, zum Frühstück legt das Schiff in Trondheim an. Die ehemalige Hauptstadt ist das kirchliche Zentrum Norwegens, hier wurden die Könige gekrönt. Der Nidarosdom erstrahlt nach über hundert Jahren Rekonstruktion in neuem Glanz. Nachmittags führt die Reise durch den Trondheimsfjord gen Norden in die Inselwelt der Region Nordland. Rørvik mit dem norwegischen Zentrum für Küstenkultur wird am Abend erreicht.

Wo die norwegischen Könige gekrönt wurden

Seite 70/71: Der Nidarosdom in Trondheim ist Norwegens kirchlicher Mittelpunkt. Er wurde nach Jahrhunderten des Verfalls ab Mitte des 19. Jahrhunderts nach alten Plänen wieder aufgebaut.

Trondheim war – wie Bergen und Oslo – ebenfalls einmal die Hauptstadt Norwegens. Nun gut, das war von 1030–1217, ist also schon sehr lange her. Aber auf das Selbstverständnis der Stadt hat die Zeit als Regierungssitz einen ähnlich großen Einfluss wie auf Bergen: Trondheim, das ist die drittgrößte Stadt des Landes und die letzte Großstadt vor dem Nordpol – was ist schon Oslo, dieser Verwaltungssitz von Gnaden dänischer Könige? Und was ist Tromsø, das nur ein Drittel der Einwohner Trondheims zählt? Einziger ernsthafter Rivale ist Bergen!

In der Geschichte der Hurtigruten hat sich diese Polarität über fast hundert Jahre gezeigt: Die Reedereien Bergenske und Nordenfjeldske bestimmten die Geschicke der Strecke von Bergen und Trondheim aus. Von den Geschäften mit dem Norden profitierte immer der Süden Norwegens. Hier saßen die Reeder, die Direktoren, die Kaufleute, während der Norden nur Fisch und Felle zu liefern hatte. Bis heute gibt es ehemalige Mitarbeiter von Nordenfjeldske in Trondheim, die der Ansicht sind, »die da« in Narvik und Tromsø seien ja nicht

TRONDHEIMS BUNTE SPEICHERHÄUSER

Für eine klassische farbenfrohe Aufnahme sind die Speicherhäuser am Stadtfluss Nidelva prädestiniert (s. S. 74/75). Das Schiff kommt nordgehend im Sommer um 8.15 Uhr, im Winter um 6.00 Uhr in den Hafen; südgehend um 6.15 Uhr. Um 10.00 Uhr ist südgehend Abfahrt oder um 12.00 Uhr nordgehend. Man hat also genügend Zeit, um auf eigene Faust oder in einem geführten Ausflug die Speicherstadt zu erkunden. Bei klarem Himmel steht die Sonne morgens genau auf den Speicherhäusern. Ein guter Kamerastandort ist die Gamle Bybro aus dem Jahr 1861. Ein weiteres Motiv dort ist das hölzerne rote Tor. Mit einem Weitwinkelobjektiv erfasst man die gesamte Ansicht und Länge des Häuserensembles, mit dem Teleobjektiv zieht man die Häuser perspektivisch zusammen, und so verdichtet sich das Bild zu einer kompositorischen Farbreihung der in der Mehrzahl roten Häuser.

Der Hurtigruten-Kai von Trondheim ist in nur einer Viertelstunde zu Fuß vom Zentrum der mittelnorwegischen Stadt aus zu erreichen. Am Nidarosdom werden anlässlich einer Veranstaltung Lachsschnittchen gereicht (rechte Seite).

Katrine

in der Lage, die Geschicke Hurtigrutens zu leiten. Trondheim mag zwar Hauptstadt gewesen sein, aber Prachtbauten gab es im Norden im ausgehenden Mittelalter noch nicht. Die Zeit Trondheims als Hauptstadt endet ungefähr mit der Gründung Lübecks, das im 13. Jahrhundert als Hansestadt zu Reichtum und Macht im Ostseeraum aufstieg. Städte im heutigen Sinne gab es zu der Zeit im Norden noch nicht, allenfalls einfache, befestigte Siedlungen, wie man sie aus den Museen in Haithabu bei Schleswig oder Birka bei Stockholm kennt.

Der Nidarosdom, heute die bedeutendste Sehenswürdigkeit Trondheims, war beileibe nicht von Beginn an die prächtige Kirche, die wir heute sehen. Im Jahr 1030 war sie noch eine schlichte Steinkirche, die wahrscheinlich auf den Fundamenten einer einfachen Holzkirche entstanden ist. Im 12. bis 14. Jahrhundert erfolgte der weitere Ausbau, vermutlich waren die Arbeiten bis ungefähr 1320 abgeschlossen. Aber immer wieder zerstörten Brände die Kirche. Bei einem großen Brand 1531 verlor die Kirche ihr Dach, fast 400 Jahre fristete der Nidarosdom ein Dasein als Ruine, von

Was ist alt und was ist neu gebaut? Am Fluss Nidelva haben sich die Trondheimer sehr viel Mühe gegeben, den Stil der alten Speicherhäuser zu erhalten.

der nur noch wenige Bereiche genutzt wurden. Im Zuge des erwachenden norwegischen Nationalbewusstseins im 19. Jahrhundert, als das Land nach den Napoleonischen Kriegen im Wiener Kongress Schweden zugesprochen wurde, anstatt selbstständig zu werden, wurde der Nidarosdom wiederentdeckt. 1869 begannen der Wiederaufbau und die Restaurierungsarbeiten. Der offizielle Abschluss der Arbeiten erfolgte erst im Jahr 2001! Im Grunde ist der Nidarosdom eine Rekonstruktion anhand alter Zeichnungen und Pläne.

Wie wichtig der Handel mit Nordnorwegen für Trondheim war, lässt sich erahnen, wenn man die vielen Speicherhäuser am Wasser betrachtet. Sie liegen an der Mündung des Flusses Nidelva und einem alten Arm des Hafens. Mit einer Höhe von vier bis fünf Stockwerken und mit Lastenaufzügen hin zur Wasserseite zeugen sie von den Leistungen der Kaufmannschaft. Heute befinden sich in den Speichern teils schicke Büros und teils Wohnungen. Städtebaulich gelungen sind viele Neubauten, die den alten Speicherstil aufnehmen und so für ein geschlossenes Bild sorgen.

Über zwei Brücken durch Trondheim

BEI VIER STUNDEN LIEGEZEIT auf der nordgehenden Route hat man genügend Zeit, sich Trondheim in Ruhe auf eigene Faust anzuschauen. Vom Hurtigrutenanleger aus sind die Innenstadt und der Nidarosdom zu Fuß gut zu erreichen. Nahe dem Hafen liegt das ehemalige Werftviertel am Ufer des Nidelva, über eine Fußgängerbrücke mit dem Zentrum verbunden. Schicke Büros, Kneipen, Cafés und Restaurants entstanden rund um ein altes Dock, teilweise in ehemaligen Werkhallen.

Über die Straße Bakklandet mit ihren überwiegend alten Holzhäusern geht man parallel zum Fluss nach Süden, bis die historische Stadtbrücke von 1861 erreicht ist. Die Klappbrücke mit den beiden hölzernen, roten Torbögen gehört zu den am häufigsten fotografierten Sehenswürdigkeiten Trondheims. Von hier sind es nur noch wenige Meter zum Nidarosdom, den man nur im Rahmen von Führungen besuchen kann. Sie werden in vielen verschiedenen Sprachen angeboten.

Die neugotische Fassade des Nidarosdoms ist eine Nachbildung, die letzte Statue wurde erst 1983 eingesetzt. Immer wieder hatten Brände und Blitzeinschläge die Kirche zerstört.
Wer sicher sein möchte, eine deutschsprachige Führung zu bekommen, kann den Besuch im Nidarosdom als Landausflug an Bord buchen.

Eine neue Attraktion befindet sich direkt am Hafen nahe dem Hurtigrutenanleger: Das Museum Rockheim erzählt die Geschichte der norwegischen Pop-Musik der vergangenen 60 Jahre. Man hat viel Mühe darauf verwendet, die Ausstellung interaktiv zu gestalten. Die Besucher können die Kurzfilme selbst auswählen, die sie sehen möchten, können Klangproben berühmter Gitarren oder Schlagzeuge abrufen und finden sich unversehens in die Sixties zurückversetzt. Ohnehin ist Trondheim eine musikalische Stadt: Im Rahmen eines Landausflugs kann das Ringve Museum vor den Toren der Stadt besichtigt werden. Hier befindet sich eine der größten Sammlungen historischer Musikinstrumente, von denen einige während der Führung von Musikstudenten präsentiert werden.

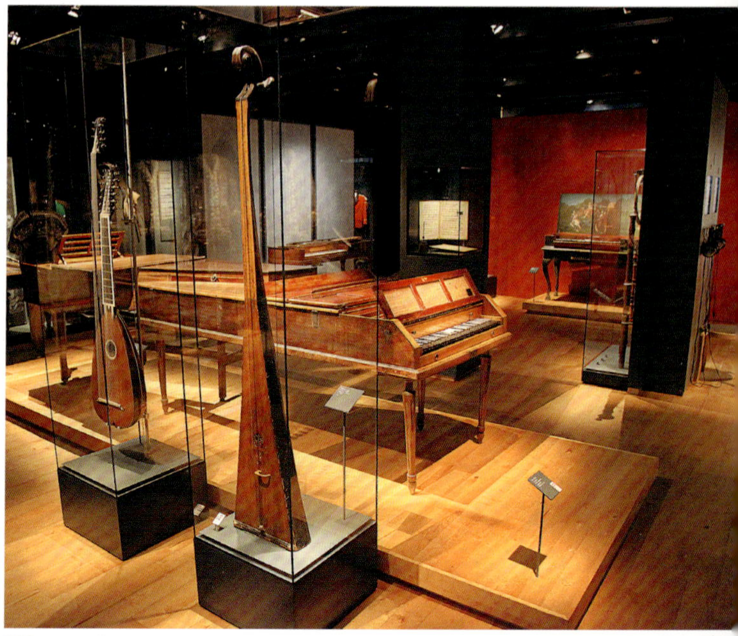

Das Ringve Musikmuseum entstand aus einer privaten Sammelleidenschaft heraus und beherbergt historische Instrumente aus aller Welt. Einige werden von Musikstudenten im Rahmen von Führungen vorgespielt.

Die Bybrua verbindet das Zentrum mit dem Ortsteil Baklandet, der außerhalb der Stadtmauern lag und deshalb zwei Mal in kriegerischen Auseinandersetzungen zerstört wurde. Heute ist Baklandet ein gemütliches Viertel mit hübschen Holzhäusern.

Nächtliche Ankunft in Rørvik: Ein Abstecher ins modern gestaltete »Norveg«, das Küstenmuseum, lohnt sich. Schon das großzügige Foyer mit seinen spektakulären Lichtlösungen ist einen Blick wert.

Seite 82/83: Brücken verbinden die wichtigsten Inseln der Region Trøndelag mit dem Festland. Wenn das Schiff den engen Stokksund passiert, stehen oft Menschen auf der Brücke und winken, während die Hängebrücke bei Rørvik dazu keine Möglichkeit bietet.

Die Fahrt durch den Trondheimsfjord am Nachmittag ist unspektakulär, denn der Fjord ist breit. An seinen Ufern wird Landwirtschaft betrieben, unterbrochen von sanften, bewaldeten Hügeln. Die Fahrt nach Rørvik ist mit 125 nautischen Meilen (232 km) das längste Teilstück auf Hurtigruten. Auf dem offenen Meer sind einige prächtige Leuchttürme zu erkennen, die auf kleinen Schären erbaut wurden. Wo früher noch Leuchtturmwärter ihren Dienst versahen, wird nun der Schifffahrt der Weg vollautomatisiert gewiesen. Dann geht es wieder geschützt hinter Inseln hindurch: Die Fahrt durch den schmalen Stokksund wird über den Bordlautsprecher angekündigt.

Rørvik ist eine kleine Ortschaft, die durch das 2004 von König Harald eröffnete Küstenkulturzentrum »Norveg« eine deutliche Aufwertung erfuhr. Trotz der abendlichen Ankunft öffnet die Ausstellung für die Gäste der Hurtigruten. Für einen schnellen Rundgang reicht die Liegezeit aus. So kann man sich unter anderem ansehen, wie Stockfisch gefangen und verarbeitet wurde.

MARKEN
FINNMARKEN

DER ELEGANTE LINER

MS FINNMARKEN, DAS SCHÖNSTE SCHIFF DER HURTIGRUTEN

WENN VON DEN Hurtigruten-Schiffen mit Kreuzfahrtambiente gesprochen wird, ist meist die Rede von der *Trollfjord* und der *Midnatsol*. Vergessen wird darüber gern die 2002 in Dienst gestellte *Finnmarken*. Vom Design des Rumpfes her ist sie ihren Vorgängern der jüngeren Generation seit 1993 ähnlich. Sie ist in ihrem äußeren Erscheinungsbild ein elegantes Schiff mit gelungenen Proportionen, doch das ist nicht der entscheidende Punkt: Das Schiffsdesign der öffentlichen Räume an Bord zeigt, dass auf der *Finnmarken* der Schritt zu mehr Luxus bereits vollzogen wurde, bevor die *Trollfjord* und die *Midnatsol* entstanden.

MS FINNMARKEN

- Indienststellung: 20. April 2002
- Werft: Kværner Kleven Verft, Ulsteinvik
- BRZ: 15 690
- Länge: 138,50 Meter
- Breite: 21,50 Meter
- Passagiere: 1000
- Autostellplätze: 47

Der norwegische Schiffsarchitekt Arne Johansen gestaltete die öffentlichen Räume in Anlehnung an Art nouveau und Jugendstil. Warme Farben begrüßen die Gäste bereits an der Rezeption, Gelb- und Rottöne dominieren. Überall auf dem Schiff finden sich liebevoll gestaltete Details: Im Treppenhaus wurden am Geländer verspielte Lampen montiert, in der Arkade wurde die Decke abgerundet und mit

schönen Holzeinlegearbeiten verziert. Selbst die Vorhänge im Café passen sich dem Stil an. Dunkles Holz, Messing und harmonische Formen dominieren. Bei aller Vorsicht in Geschmacksfragen: Kein anderes Schiff der Flotte ist so konsequent und stilsicher eingerichtet wie die *Finnmarken*.

Die *Finnmarken* wurde am 4. April 2002 getauft, bereits im Mai 2002 folgte die *Trollfjord*, die zumindest äußerlich noch etwas spektakulärer wirkt. Das mag ein Grund sein, warum die *Finnmarken* nie der ganz große Star der Hurtigrutenflotte wurde. Als das Schiff 2010 für 18 Monate als Hotelschiff nach Australien verchartert wurde, verschwand sie eine Zeit lang ganz aus dem öffentlichen Bewusstsein. Nach einer gründlichen Überholung auf einer Werft in Singapur kehrte die *Finnmarken* im Frühjahr 2012 in den Liniendienst zurück. Sie löste die *Nordstjernen*, Baujahr 1956, ab, die bereits mehrfach aus dem Dienst genommen worden war, aber immer wieder als Ablöser und Ersatzschiff zurückkehrte.

Betrachtet man die *Finnmarken* genauer, bietet sie alle Voraussetzungen, um als das Flaggschiff von Hurtigruten zu gelten. Mit 138,5 Metern Länge ist sie das längste aller Hurtigrutenschiffe. In der Breite misst sie wie die *Troll-*

Es gibt viele Gründe, die »Finnmarken« für das schönste Schiff der Flotte zu halten: Ihr harmonisches Äußeres mit dem runden Heck und das Interieur im Stil von Art déco gehören sicher dazu. Außerdem ist die »Finnmarken« das einzige Hurtigruten-Schiff, das über einen kleinen Swimmingpool verfügt.

fjord und die *Midnatsol* 21,50 Meter. Sie verfügt wie die beiden Konkurrentinnen über ein Deck mehr als die anderen Schiffe der jüngeren Generation – allerdings wird bei der *Finnmarken* auf herkömmliche Art gezählt: Das Autodeck ist Deck zwei, bei der *Trollfjord* und der *Midnatsol* ist es Deck drei.

Die *Finnmarken* verfügt über einige Besonderheiten, die das Schiff einzigartig in der Flotte der Hurtigrutenschiffe machen. Die Suiten befinden sich bei allen anderen Schiffen – sofern es überhaupt welche gibt – achtern. Nicht so bei der *Finnmarken*: Hier liegen die Suiten auf Deck sechs vor den Rettungsbooten. Die beiden Grand-Suiten schauen in Fahrtrichtung des Schiffs. Einzigartig ist auch der Außenpool auf Deck sieben. Während die *Trollfjord* und die *Midnatsol* »nur« zwei Whirlpools haben, verfügt die *Finnmarken* zusätzlich über einen kleinen Pool, in dem man schwimmen kann. Sauna und Fitnessraum gibt es auf allen drei Schiffen, aber auf der *Finnmarken* fallen sie am größten aus. Und für alle Gäste ganz besonders: Das Backdeck ist bis in die Bugspitze begehbar! Das gibt es auf keinem anderen Hurtigrutenschiff, und auch auf Kreuzfahrtschiffen ist es eher selten, dass Passagiere bis an den Bug gehen können.

Man sieht es dem Schiff nirgendwo an, dass die norwegische Marine – wie bei der *Midnatsol* – Zuschüsse zum Bau zahlte, um sie im Notfall als Hospitalschiff einsetzen zu können. Übrigens ist

die *Finnmarken* bereits das dritte Schiff dieses Namens in der langen Geschichte der Strecke. Von 1912 bis 1956 fuhr das erste Schiff dieses Namens, von 1956 bis 1994 war die zweite *Finnmarken* unterwegs. Letztere war ein Schwesterschiff der *Nordstjernen* und wurde bei Blohm & Voss in Hamburg gebaut. Heute liegt sie in Stokmarknes an Land als Museumsschiff.

Bracheninsider in Norwegen sind der Ansicht, dass die *Finnmarken* einen Großteil dazu beigetragen habe, Hurtigruten zu retten. In den Jahren 2008 und 2009 befand sich Hurtigruten in einer schweren wirtschaftlichen Krise. Man trennte sich von Beteiligungen an lokalen Fährgesellschaften, von Hotels und Reisebüros. Der 18-monatige Charter der *Finnmarken* nach Australien spülte knapp 700 Millionen Norwegische Kronen in die Kassen des klammen Unternehmens. Dies entspricht rund 92,5 Millionen Euro. Der warme Regen tat Hurtigruten gut. Trotzdem entschloss man sich, den Charter nicht zu verlängern – laut Vertrag war eine Option um weitere 18 Monate möglich –, sondern holte die *Finnmarken* zurück an die norwegische Küste. So ist sie nun wieder der heimliche Star der Flotte: weniger klobig im Äußeren als die *Midnatsol* und die *Trollfjord* und mit zahlreichen Besonderheiten, die es nur auf diesem Schiff gibt.

Die harmonische, warme Farbgebung in den öffentlichen Räumen und den Kabinen kennzeichnet die »Finnmarken«. Sie ist das dritte Schiff dieses Namens. Die erste »Finnmarken« fuhr von 1912 bis 1956, die zweite von 1956 bis 1994. Sie liegt heute in Stokmarknes als Museumsschiff.

4. TAG
ÜBER DEN POLARKREIS

VON BRØNNØYSUND BIS SVOLVÆR

Nördlich von Trondheim gibt es nur noch Kleinstädte und Dörfer an der Küste. Hunderte von Inseln bilden die Vorposten der Zivilisation im Nordmeer. Hier hat man immer vom Fischreichtum des Atlantiks gelebt. Auf dem Festland thront bei Ørnes mit dem Svartisen der einzige Gletscher Norwegens, der bis an das Meer heranreicht. Nach dem Aufenthalt in Bodø wird am Abend mit den Lofoten eine der faszinierendsten Inselgruppen Europas erreicht. Stamsund und Svolvær auf den Lofoten werden am Abend angelaufen.

Adler, Gletscher und Gezeitenströme

Seite 88/89: Steil ragen die Berge der Lofoten aus dem Meer. An ihrem Fuße bleibt nur wenig Platz für die kleinen Fischerdörfer.

Auf der nordgehenden Route werden Brønnøysund und Sandnessjøen nachts angelaufen, Nesna erleben um 5.30 Uhr nur Frühaufsteher. Ørnes ist ein Dorf mit rund 1100 Einwohnern. Seit 1794 gibt es hier ein Gasthaus, um das herum der Ort entstanden ist. Ørnes liegt an der Reichsstraße 17, eine der schönsten Küstenstraßen Nordeuropas, die aber aufgrund der vielen lokalen Fähren, die man immer wieder nehmen muss, zeitaufwendig zu befahren ist. Bevor Ørnes jedoch erreicht wird, kommt ein Ausflugsschiff längsseits, das die Urlauber zum Gletscher Svartisen bringt.

Etwa 20 Kilometer weiter im Inland liegt Glomfjord. Das örtliche Kraftwerk und die Aluminiumfabrik waren im Zweiten Weltkrieg Ziel eines der bedeutendsten Sabotageakte norwegischer Widerstandskämpfer gegen die nationalsozialistischen Besatzer. Nachdem 2010 in den Bergen Hinterlassenschaften der flüchtenden Widerstandskämpfer gefunden wurden, war diese Sabotageaktion erneut Gegenstand von Gedenkfeiern in der Region. Auch wenn das deutsch-norwegische Verhältnis heute freundschaftlich und entspannt ist, muss man sich als deutscher Gast auf Hurtigruten mit dem Thema Okkupation auseinandersetzen. Je weiter man nach Norden kommt, umso deutlicher sind die Spuren des Zweiten Weltkriegs bis heute zu sehen. In Norwegen ist das bis heute ein sensibles Thema.

Der nächste Hafen ist Bodø. Bodø wurde durch alliierte Luftangriffe im Zweiten Weltkrieg nahezu komplett zerstört. Das ist einer der Gründe, warum die Stadt heute so sachlich und nüchtern erscheint. Funktionsbauten aus den Nachkriegsjahren dominieren das Stadtbild. Bodøs größte Attraktion liegt außerhalb der Stadtgrenzen: der Gezeitenstrom Saltstraumen.

Ørnes gehört zu den kleinen Ortschaften an der Küste der Region Nordland, die bis heute stark von Hurtigruten profitieren. Bis zur Europastraße E6 fährt man von Ørnes mehrere Stunden, Hurtigruten hält »vor der Tür«.

Im Hafen von Ørnes (oben) legen nicht nur die Hurtigruten-Schiffe an, sondern auch Fähren, die unter anderem zur kleinen Insel Meløy vor der Küste fahren.
Bodø ist die Hauptstadt der Region Nordland und hat ein interessantes Luftfahrtmuseum sowie gute Einkaufsmöglichkeiten zu bieten (unten und rechts).

Wo der Seeadler zu Hause ist

MORGENS, BEVOR ØRNES ANGELAUFEN WIRD, kommt das Ausflugsschiff längsseits. Es bringt seine Gäste tiefer in den Holandsfjord, fast bis an den Fuß des Gletschers Svartisen. Der Svartisen besteht aus zwei Teilen, einem westlichen und einem östlichen, die durch ein eisfreies Tal getrennt sind. Allein der Vestre Svartisen ist der zweitgrößte Gletscher des Landes mit einer Fläche von 221 Quadratkilometern. Ganz bis an den Gletscher heran kann das Boot nicht fahren.

Von dem kleinen Anleger des Gletschersees aus steht nun eine kurze Wanderung auf einem Wirtschaftsweg an. Sie führt zu einem Café, das ohne Straßenanschluss am See liegt. Auf dem anderen Ufer glitzert das Gletschereis weiß und blau. Wer mag, kann sich einen speziellen Drink kaufen, eine Mischung aus Sekt und Holunderbeerensaft, serviert mit echtem Gletschereis, das stilecht aus einem Eisblock gehauen wird. Dazu gibt es Lefser, eine norwegische Spezialität. Sie sehen aus wie dünne, gerollte Pfannkuchen und sind mit einer süßen, klebrigen Zimt-Masse bestrichen.

Nach dem Spaziergang mit Imbiss und Gletscherblick geht es zurück zum Ausflugsschiff. Es fährt aber nicht direkt nach Bodø, sondern stoppt zunächst nahe der Uferlinie. Mit Ferngläsern werden die Bäume an Land abgesucht. Ist ein Adlerhorst zu sehen, wird der Adler mit Fischen angelockt. In einem eleganten Schwung greift sich der mächtige Vogel den Fisch noch in der Luft, die Möwen haben gegen den Adler keine Chance. Anschließend geht es weiter nach Bodø, wo das Ausflugsschiff rechtzeitig vor dem Ablegen das Schiff der Hurtigruten erreicht.

Ein Ausflugsschiff geht längsseits und holt die Gäste von Hurtigruten zu einem Ausflug zum Gletscher Svartisen ab. An der Gletscherzunge (oben links) leuchtet das Eis in intensivem Türkis.

Auf dem Rückweg nach Bodø sieht man regelmäßig Seeadler, die mit Fisch angefüttert werden.

Wirbelnder Saltstraumen

SCHON JULES VERNE war von den Gezeitenströmen des Nordens fasziniert. In seinem Roman *Zwanzigtausend Meilen unter dem Meer«*steuert das sagenumwobene Unterseeboot *Nautilus* in den Moskenstraumen, einen Gezeitenstrom zwischen den Lofteninseln Værøy und Moskenesøy. Der stärkste Gezeitenstrom der Welt ist aber der Saltstraumen bei Bodø. An seiner schmalsten Stelle misst der Sund nur rund 150 Meter, überspannt von einer Brücke.

Der Gezeitenwechsel führt dazu, dass Meereswasser durch den Sund in die Bucht hineinströmt und bei ablaufendem Wasser wieder hinaus. Da der Durchlass zu eng ist, kommt es zu gewaltigen Strudelbildungen und einer reißenden Strömung. Nicht ohne Grund sind am Ufer alle 50 Meter Rettungsringe aufgehängt. Bis zu einem Meter kann der Höhenunterschied zwischen dem Meer und dem Inneren der Bucht betragen.

Gäste von Hurtigruten können zwischen April und Oktober einen sehr speziellen Ausflug zum Saltstraumen machen. Mit stabilen Schlauchbooten geht es in rasender Fahrt von Bodø aus über den Saltfjorden hinüber ans andere Ufer. Dort fahren die Boote dann durch das brausende Wasser des Gezeitenstroms. Die Skipper nehmen gern mal eine Welle mit, damit das Wasser auch ordentlich spritzt. Dieser Ausflug ist also keine gemütliche Bootstour, sondern setzt eine gute Kondition und ein wenig Abenteuerlust voraus.

Für den Bootsausflug zum Gezeitenstrom Saltstraumen bekommen die Passagiere warme und wasserdichte Anzüge. Die Bootsführer machen sich einen Spaß daraus, es auch mal ordentlich spritzen zu lassen, wenn sie Wellen kreuzen.

Starke Strudel kennzeichnen den Saltstraumen. Hier presst sich das Wasser mit großer Macht durch den schmalen Durchlass zwischen Meer und Bucht. Für Angler ist der Saltstraumen ein tolles Revier, aber nicht ohne Grund hängen am Ufer alle 50 Meter Rettungsringe …

Am Polarkreis wird für die Touristen gern eine Polartaufe vorgenommen. Lustig ist das vor allem für die Zuschauer, die kein eiskaltes Wasser von Neptun und seinen Gehilfen in den Nacken bekommen.

Nikon

HH

Der Leuchtturm Landegode Fyr weist den Schiffen den Weg von Bodø hinüber auf die Lofoten. Die Inselgruppe lebt traditionell vom Dorsch, der hier zwischen Dezember und April zum Laichen vorbeizieht. Dem Stockfisch, an der Luft getrockneter Dorsch, hat man im Dorf Å ein Museum gewidmet.

Die Inselwelt der Lofoten

Rund vier Stunden dauert die Fahrt von Bodø hinüber nach Stamsund auf den Lofoten. Schon von Weitem ist die dunkle Felswand im Meer zu erkennen. Kaum zu glauben, dass am Fuße dieser zackigen Felsen noch Ortschaften liegen sollen! Zu abweisend, zu steil wirkt das Bergmassiv am Rande des Nordatlantiks.

Die Lofoten sind eine Gruppe von Inseln, die durch enge Sunde getrennt, etwa hundert Kilometer von Bodø entfernt liegt. Die Inseln liegen so dicht beieinander, dass sie über Tunnel und Brücken miteinander verbunden sind. Ihren Wohlstand und die über tausendjährige Besiedlung haben die Lofoten dem Golfstrom zu verdanken. Er hält die Häfen im Winter eisfrei und sorgt dafür, dass der Dorsch zum Laichen an die Küste kommt.

Von Januar bis April dauert der Zug der Dorsche, der die größte Saisonfischerei Europas auslöste. Aus ganz Norwegen kamen und kommen kleine Fischerboote in den ersten Monaten des Jahres auf die Lofoten, um sich am Lofotfischfang zu beteiligen. Auf den Lofoten angelandet, wird der Fang sofort verarbeitet: Heckflosse an Heckflosse gebunden werden die Dorsche paarweise über Trockengestelle gehängt. Als Stockfisch wird der an der Luft getrocknete Fisch dann verkauft, vornehmlich in katholische Länder wie Italien und Portugal.

Stamsund ist eines der größeren Fischerdörfer auf den Lofoten. Vom Meer aus kaum zu sehen, tauchen die Häuser nach einer Biegung in einer Bucht hinter kleinen Schären auf. Über eine einspurige Straße kommt man nach Svolvær.

EIN BILD FÜR ALLE FÄLLE – LEUCHTTURM LANDEGODE

Etwa 40 Minuten nach der Abfahrt aus Bodø passieren die Schiffe nach 20 km (10,8 sm) nordgehend den Leuchtturm der Insel Landegode, auch Landegode Fyr genannt. Dieses Motiv, der rot-weiße Leuchtturm (oben) mit den Nebengebäuden in Weiß, heute Hotel und Restaurant, ergibt ein klassisches Bild, das ich auf jeder Reise zum Muss erklärt habe. Die Schiffe fahren in einem geringen Abstand zu der kleinen, an Backbord liegenden Insel vorbei. Ist der Himmel weniger grandios, konzentriere ich mich mit einem Teleobjektiv auf den Turm und die Häuser. Sollte der Himmel spektakulär sein, beziehe ich ihn mit ein. Aber auch Regenbilder in ihrer monochromen Farbgebung können überzeugen.

Svolvær hat einen geschäftigen Hafen und ist ein wichtiges Zentrum für die Lofoten. Einfahrende Schiffe werden vom Denkmal der Fischersfrau begrüßt. Die Statue symbolisiert die Sorge der Frauen in früheren Zeiten, dass ihre Männer beim nächsten Mal vielleicht nicht mehr von ihrer Arbeit auf dem Meer heimkehren könnten.

Seite 102/103: Auf den Lofoten haben sie überlebt, die alten Tante-Emma-Läden, auch wenn sie heute nur noch Museen sind.

Svolvær, die »Hauptstadt« der Lofoten

Eine Hauptstadt haben die Lofoten nicht, jede der vier Kommunen hat ihren eigenen Verwaltungssitz. Svolvær ist als größter Ort der Lofoten also nur die inoffizielle Hauptstadt der Inselgruppe. Hier gibt es Hotels, einen Regionalflugplatz und Einkaufsmöglichkeiten. Dass Hurtigruten jeden Abend hier anlegt und es eine Fähre zur Insel Hamarøy gibt, macht Svolvær zu einem Verkehrsknotenpunkt der Inselgruppe.

Nordgehend liegt das Schiff eine Stunde in Svolvær, südgehend sind es sogar 90 Minuten, genügend Zeit also für einen Stadtbummel. Die meisten Gäste stranden aber keine hundert Meter vom Hurtigrutenkai in einem der netten Cafés und Restaurants, wo man auf dem Kai sitzend das Treiben im Hafen und das Hurtigrutenschiff beobachten kann.

Schon in der Hafeneinfahrt sind die Trockengestelle für den Stockfisch zu erkennen. Auf der Mole steht das Denkmal der Fischersfrau, die Ausschau nach den zurückkehrenden Seeleuten hält. Wenn man bedenkt, wie rau die See hier im Winter sein kann und dass die Lofotfischerei immer mit kleinen Booten und Kuttern betrieben wurde, ahnt man, dass die Fischersfrauen oft vergeblich Ausschau hielten.

Wo Svolvær liegt, lässt sich vom Wasser aus gut erkennen, selbst wenn der geschützt liegende Ort noch nicht zu sehen ist. Über Svolvær thront als Wahrzeichen der Stadt der Berg Svolværgeita, ein steiler Fels mit zwei Spitzen. Er ist beileibe nicht der höchste Berg der Lofoten, aber schwer zu besteigen. Geübte Kletterer springen als Mutprobe von einer Felsnase zur anderen. Wer den Ausflug zum Svartisen nicht mitgemacht hat, kann auch ab Svolvær zu einer Seeadler-Safari aufbrechen, allerdings nur auf der südgehenden Route.

SAR
LLGQ
M-55-AE

Børsen Spiseri
Børsen Spiseri
MIDDAGS PØLSER
BONDERNES SALGSLAG
TRONDHEIM
NOREX
TRIO

HUNTONIT
VAN BERKEL'S PATENT
ROTTERDAM – HOLLAND
Berkel
monolit.
FÆRGERUTER
Mary Hartline

Auf den Spuren der Wikinger

SCHON ZUR WIKINGERZEIT waren die Lofoten besiedelt. Dass es sich nicht um einen armen, kleinen Wikingerstamm handelte, zeigt das Museum in Borg, das auf einer Bustour zwischen den Stopps in den Häfen Stamsund und Svolvær besucht wird.

Archäologische Ausgrabungen zwischen 1986 und 1989 ergaben, dass bei Borg auf der Insel Vestvågøy ein großes Langhaus stand, wie es nur bei mächtigen Häuptlingen der Wikinger üblich war. Das ursprüngliche Gebäude aus dem 6. Jahrhundert maß bereits stolze 67 Meter, wurde aber zur Wikingerzeit auf 83 Meter verlängert. Damit handelt es sich um das größte Langhaus aus der Wikingerzeit, das jemals im Norden gefunden wurde.

Die Archäologen beließen es aber nicht bei den Ausgrabungen, sondern rekonstruierten das Langhaus am Fundort. So kam es, dass ein Stück Wikingergeschichte wieder lebendig wurde. Und wie lebendig! Drunten am Wasser liegt der Nachbau eines Wikingerbootes, mit dem in der Bucht gerudert werden kann. Haustiere, die wohl schon zur Wikingerzeit gehalten wurden, grasen auf den umliegenden Weiden. Und drinnen, im schummerigen Licht der Fackeln und des Herdfeuers, erschrecken als Wikinger verkleidete Museumsmitarbeiter unvorbereitete Besucher mit ihren von Ruß geschwärzten Gesichtern. Bei allem Unterhaltungswert gibt man sich in Borg jedoch alle Mühe, so nah wie möglich am wissenschaftlichen Bild der Wikingerzeit zu bleiben.

Bei Borg auf den Lofoten wurde ein Langhaus aus der Wikingerzeit am originalen Fundort möglichst realistisch rekonstruiert. Aufgrund von dessen Größe vermutet man in Borg einen wichtigen Häuptlingssitz.

Für Besuchergruppen werden Wikingerabende durchgeführt. Zu jenen Zeiten wird es dabei aber weniger gesittet zugegangen sein als heute. Auch handwerkliche Arbeiten im Stil der Wikingerzeit werden präsentiert.

EINMAL ANTARKTIS UND ZURÜCK

MS NORDNORGE, DAS WEIT GEREISTE SCHIFF

DIE NORDNORGE IST NAHEZU baugleich mit der *Nordkapp*. Äußerlich sind die Schwesterschiffe nicht zu unterscheiden. Beide entstanden auf der Werft Kværner Kleven in dem kleinen Hafenort Ulsteinvik, der auf der Insel Hareid südwestlich von Ålesund liegt. Während die *Nordkapp* im April 1996 ihren Dienst für Hurtigruten aufnahm, folgte die *Nordnorge* genau ein Jahr später. Ihre erste Dienstreise nach der Taufe am 20. März 1997 war eine Kreuzfahrt zu den Shetlands, Orkneys und Färöer-Inseln, dann ging es in die Ostsee. Am 29. April 1997 begann der erste nordgehende Törn auf Hurtigruten in Bergen.

MS NORDNORGE

- Indienststellung: 29. April 1997
- Werft: Kværner Kleven Verft, Ulsteinvik
- BRZ: 11 384
- Länge: 123,30 Meter
- Breite: 19,50 Meter
- Passagiere: 691
- Autostellplätze: 45

Kein anderes Schiff der Hurtigruten ist öfter aus dem Liniendienst genommen worden als die *Nordnorge*, kein anderes Schiff war so oft auf großer internationaler Fahrt. Fast jeden Herbst und Winter bis zum Jahreswechsel 2007/2008 wurde sie in südliche Gefilde auf Kreuzfahrt geschickt. Es begann mit einer Tour nach Amsterdam im April 1998 und endete mit 16-tägigen Antarktis-Kreuzfahrten, die zwischen dem chi-

lenischen Hafen Puerto Montt und Ushuaia auf Feuerland stattfanden. Zuerst war die *Nordnorge* hier allein eingesetzt, dann versuchte Hurtigruten, mit zwei Schiffen in der Antarktis im Winter Geld zu verdienen. Es war die *Nordnorge*, die nach der Leckage der *Nordkapp* 2007 ihrem Schwesterschiff in der Antarktis zur Hilfe eilte und die Passagiere aufnahm. Seit 2008 hat das neu gebaute Expeditionsschiff *Fram* diese Reisen übernommen.

Das bedeutete aber noch lange nicht, dass die *Nordnorge* wieder ganzjährig im Liniendienst unterwegs sein sollte. Die wirtschaftliche Krise von Hurtigruten spitzte sich derart zu, dass die *Nordnorge* im Winter 2008/09 aufgelegt wurde und die alte *Nordstjernen* von 1956 zurückkam, weil sie im Betrieb deutlich günstiger war. Die *Nordnorge* lag einen Winter zusammen mit der *Nordlys* beschäftigungslos in Åndalsnes.

Ihre Karriere als Kreuzfahrtschiff verdankt die *Nordnorge* der größeren Anzahl an Suiten im Vergleich zu ihrem Schwesterschiff: 12 Minisuiten mehr hat die *Nordnorge*. Das klingt vielleicht nicht viel, aber in der Rückschau ist hier ein Trend zu erkennen. Ofotens og Vesteraalens Dampskibsselskap (OVDS) ließ drei Schiffe bei Kværner Kleven bauen: *Nordkapp* (1996), *Nordnorge* (1997) und *Finnmarken* (2002). Ori-

Die »Nordnorge« wurde mehrfach auf Kreuzfahrt in die Antarktis geschickt – kein Wunder, bei dem Komfort, den dieses Linienschiff bietet. Von den Sesseln im Panoramasalon aus wurden schon die chilenischen Fjorde und Feuerland bestaunt.

entiert sich die *Nordkapp* noch am ursprünglichen Konzept der Baureihe mit *Kong Harald* und *Richard With*, ist ab der *Nordnorge* ein Trend zu mehr Luxus an Bord zu beobachten. Zeitgleich ließ nämlich Troms Fylkes Dampskibsselskap (TFDS) die Schiffe *Polarlys* (1996), *Trollfjord* (2002) und *Midnatsol* (2003) bauen. Es ging um nichts Geringeres als um einen Wettstreit zwischen den beiden Hurtigruten-Reedereien in Narvik und Tromsø: »Spieglein, Spieglein an der Wand, wer hat das schönste Schiff im ganzen Land?« Das war keine kluge Firmenpolitik angesichts der wirtschaftlichen Probleme beider Reedereien. Trotzdem scheiterte ein erster Versuch einer Fusion an regionalen Befindlichkeiten. Hurtigruten ist in Norwegen immer mehr als ein Transportmittel gewesen, Hurtigruten war und ist auch ein Politikum.

Für alle drei Schiffe, die OVDS bei Kværner Kleven bauen ließ, zeichnete als Schiffsarchitekt Arne Johansen für das Interieur verantwortlich. Bei der *Nordnorge* machte er erste Versuche mit Stilelementen des Art nouveau, aber längst nicht so konsequent wie fünf Jahre später auf der *Finnmarken*. Dunkles Holz und Messing dominieren bei den Möbeln und Paneelen. Die *Nordnorge* wirkt klassischer und in manchen Details weniger verspielt als die *Nordkapp*, obwohl sich auch hier das Steuerrad und die angetäuschten Bullaugen im Panoramasalon wiederfinden.

Die *Nordnorge* ist das dritte Schiff dieses Namens auf Hurtigruten. Ihre Vorgänger stammen aus den Jahren 1924 und 1964. Sie war

von 1964 bis 1996 in Dienst und wurde von der *Nordkapp* abgelöst. Landesweite Berühmtheit erlangte die *Nordnorge* im Juni 2011, als das staatliche norwegische Fernsehen NRK eine komplette Fahrt von Bergen bis nach Kirkenes durchgängig live sendete, 134 Stunden lang. Diese Sendung führte dazu, dass überall in den Hafenstädten dem Schiff ein grandioser Empfang bereitet wurde: Es wurden spontane Volksfeste arrangiert, egal zu welcher Uhrzeit das Schiff im jeweiligen Hafen anlegte. Schließlich wurde es ja nördlich des Polarkreises nicht mehr dunkel. Freizeitboote begleiteten die *Nordnorge*, Fischkutter änderten ihren Kurs, um auch mal in die Kamera zu winken. Nordnorwegen und Hurtigruten erlangten auch im Süden Norwegens durch diese Sendung eine hohe Popularität. Dort, wo man traditionell eher zum »Kontinent« schaut, wie man in Norwegen sagt, und den hohen Norden für rückständig hält. Die *Nordnorge* hat den Landesteil, den sie im Namen trägt, sehr gut repräsentiert.

Hurtigruten ist keine Kreuzfahrt mit Shows und Diskothek, aber für gepflegte Unterhaltung ist gesorgt. Die Inneneinrichtung stammt aus der Hand des Architekten Arne Johansen, der auch für die Ausstattung der »Finnmarken« verantwortlich zeichnete. Es gibt einige Ähnlichkeiten.

NOR LINES

5. TAG

POLARES NORWEGEN

VON DEN VESTERÅLEN BIS NACH TROMSØ

Die Heimat der Hurtigruten, die Inselgruppe Vesterålen, wird nachts passiert, zum Frühstück liegt das Schiff bereits in Harstad. Entlang der großen Insel Senja geht die Fahrt mit einem kurzen Stopp in Finnsnes nach Tromsø, in die Stadt, die so viele Beinamen trägt – Paris des Nordens und Tor zum Eismeer sind nur zwei davon. In Tromsø warten interessante Museen, ein toller Aussichtspunkt und mehrere Aktivitäten, im Sommer wie im Winter.

Über Finnsnes nach Tromsø

Seite 110/111: Tromsø liegt auf einer Insel, die über zwei Brücken mit der Nachbarinsel und dem Festland verbunden ist.

Auch wenn der Ort kaum mehr als 4000 Einwohner zählt, so gilt Finnsness doch als Unterzentrum der Region Troms. Die fein geschwungene über einen Kilometer lange Brücke, die Finnsnes mit der Insel Senja verbindet, ist das Erste, das vom Wasser aus zu erkennen ist. Nett gemacht für solch einen kleinen Ort ist die farbige Illumination des Terminals am Kai. Hier halten auch die Überlandbusse. Sieht man einmal von Bergen ab, sind die Hurtigrutenkais üblicherweise schmucklos.

Leider gibt es keine Landausflüge auf die Insel Senja, die als eine der schönsten Inseln Nordnorwegens gilt. Vor allem als Wandergebiet ist Senja beliebt. Dramatische Küstenabschnitte mit steil zum Meer abfallenden Hängen gibt

es ebenso wie Sandstrände und idyllische kleine Schären. Teile der Insel sind als Nationalpark Ånderdalen unter Schutz gestellt.

Senja, Norwegens zweitgrößte Insel, misst 1583 Quadratkilometer, das reicht trotz der knapp 8000 Einwohner für immerhin vier Kommunen. Im äußersten Nordwesten gibt es im Sommer eine Fährverbindung von Gryllefjord auf Senja hinüber nach Andenes auf den Vesterålen. Gryllefjord liegt in der Gemeinde Torsken, auf Deutsch Dorsch. Da bleibt keine Frage zum Lebenserwerb offen …

Senja bei Finnsnes wird zu den schönsten Inseln in Nordnorwegen gerechnet. Auf Senja liegt der kleine Nationalpark Ånderdalen. Auch im Winter ist die Passage von Finnsnes nach Tromsø zwischen all den Eilanden hindurch faszinierend.

GESPIEGELTE LANDSCHAFTEN – GISUNDET UND RYSTRAUMEN

Auf der etwa drei Stunden in Anspruch nehmenden Strecke zwischen Finnsnes und Tromsø fahren die Schiffe durch die engen kleinen Fjorde oft dicht unter Land. Wegen der schmalen Seestraße wird die See bei Windstille spiegelglatt und es verdoppeln sich die Küstenlandschaften im Wasser, wohin man auch blickt. Insbesondere die Rorbuer, Anlegestellen oder Bauerngehöfte an den Ufern, ergeben sowohl im Winter als auch im Sommer lohnende Motive. Eine spezielle Kamera ist hier nicht erforderlich, man sollte nur die Augen offen halten und auch mal den Aufnahmestandpunkt von Backbord nach Steuerbord oder umgekehrt wechseln. Oder man bringt den Bug an den engen Passagen in den Vordergrund, sodass die Landschaften links und rechts den Bildrahmen bilden. Auch der Einsatz eines Tele- oder Weitwinkelobjektivs lohnt sich hier. Sie haben die Qual der Wahl!

In Tromsø machen die Hurtigruten-Schiffe direkt im Zentrum fest, so dass man wunderbar während der Liegezeit spazieren gehen kann. Im Ort angekommen, erwartet einen etwa das moderne, neue Rathaus (rechte Seite).

Tromsø, das Tor zum Polarmeer

Wenn sich das Schiff durch den Tromsøysund der größten Stadt Norwegens nördlich von Trondheim nähert, sind schon vom Schiff aus einige der Sehenswürdigkeiten Tromsøs zu erkennen. Auf Steuerbord erhebt sich der Berg Storsteinen, auf den eine Gondelbahn hinaufführt. Von oben hat man einen grandiosen Blick über die Stadt sowie die umliegenden Berge und Inseln. Nahe der Talstation fällt eine weiße Kirche in moderner Architektur auf. Das ist Tromsdalen Kirke, im Volksmund besser bekannt als Eismeerkathedrale. Beide liegen auf dem Festland, während sich das Zentrum von Tromsø gegenüber auf einer Insel befindet.

Vier Stunden Aufenthalt bleiben, um Tromsø zu entdecken, wo so vieles »das Nördlichste der Welt« ist. Die nördlichste Brauerei der Welt heißt Mack und stellt – wie sollte es anders sein – das Polarbier her. Ølhallen, die Bierhalle, heißt der Ausschank der Brauerei. In Deutschland wäre das nichts Ungewöhnliches, in Norwegen schon. Auch zu Zeiten der sehr rigiden Alkoholpolitik hatte Ølhallen immer geöffnet, und zwar tagsüber, nicht abends! Tromsø ist eine liberale, weltoffene Stadt. In dem inoffiziellen Wettbewerb, welche Stadt Norwegens mehr Restaurantplätze pro Einwohner aufweist, streiten sich Tromsø und Stavanger um Platz eins.

In Tromsøs Restaurants konnte man immer Walfleisch auf den Speisekarten finden, auch zu Zeiten, als Norwegen nur eine geringe Fangquote zu wissenschaftlichen Zwecken erlaubte. Das muss man als Ausdruck nordnorwegischen Selbstbewusstseins verstehen. Man lässt sich weder von der Hauptstadt Oslo und schon gar nicht von mitteleuropäischen Großstädtern vorschreiben, wie man zu leben hat. Der EU-Beitritt Norwegens ist zwei Mal gescheitert, der Widerstand war in Nordnorwegen am größten. Industriellen Walfang gibt es in Norwegen seit Jahrzehnten nicht mehr, aber den Küsten-Walfang von nicht bedrohten Walarten wollen sich die Nordnorweger von niemandem verbieten lassen.

HURTIGRUTEN
MIDNATSOL

Tromsø ist eine sehr lebendige Stadt mit zahlreichen Einkaufs- und Ausgehmöglichkeiten.

Vor dem Polarmuseum steht eine mächtige Harpune. Hier sind die Expeditionen von Fridtjof Nansen und Roald Amundsen zum Nordpol dokumentiert. Die beiden Forscher waren die Helden der jungen Nation. Als die Union mit Schweden 1905 aufgelöst wurde, gab es sogar Bestrebungen, Fridtjof Nansen zum König zu wählen. Der Forscher wurde Diplomat, zunächst als Botschafter, später als Flüchtlingskommissar des Völkerbundes, dem Vorläufer der UNO. In Tromsøs Polarmuseum geht es aber um die Expeditionen im Polarmeer. Übrigens stößt man direkt auf Roald Amundsen, wenn man das Schiff verlässt: Seine Statue steht in einem kleinen Grünstreifen am Hafen.

Südgehend erreicht das Hurtigrutenschiff Tromsø erst kurz vor Mitternacht. Trotzdem wird ein Landausflug angeboten: ein mitternächtliches Konzert in der Eismeerkathedrale. In den gut vier Wochen, in denen in Tromsø die Sonne im Sommer über dem Horizont bleibt, gibt es nachts auch die Möglichkeit, mit der Gondelbahn auf den Storsteinen zu fahren. Schnell mit dem Taxi vom Schiff zur Talstation, dann mit der Gondelbahn hinauf und die Mitternachtssonne bewundern. Allerdings muss man aufpassen, dass man die letzte Bahn hinab nicht verpasst, sonst sieht man das Schiff beim Ablegen um 1.30 Uhr nur vom Berg aus.

Auf der Reise gen Norden erreicht das Hurtigrutenschiff Tromsø am frühen Nachmittag und legt um 18.30 Uhr zum Abendessen wieder ab. Der nächste Hafen ist dann Skjervøy kurz vor 23 Uhr. Das offene Meer sieht das Schiff bis dahin nicht, die Route verläuft vollständig hinter Inseln. Erst später in der Nacht wechselt das Schiff den Kurs und befährt die Ausläufer des Eismeeres.

Mit Stavanger im Süden wetteifert Tromsø darum, wer die meisten Restaurantstühle pro Einwohner aufweisen kann. Zu den Besonderheiten gehört der Bierkeller der Brauerei Mack, den es trotz der rigiden Alkoholpolitik seit 1928 gibt. Frauen haben erst seit Ende der 1960er-Jahre Zutritt zur nördlichsten Brauerei der Welt. Der lebensgroße Eisbär in den »Øl-hallen« ist sehr beeindruckend.

Die moderne Architektur des Museums »Polaria« war lange umstritten. Sie soll an sich auftürmende Eisschollen erinnern.

Das Tromsøer »Polarmuseum«, nicht zu verwechseln mit dem »Polaria«, beschäftigt sich mit Expeditionen und Fangtraditionen in den Polargebieten. Dem Forscher Roald Amundsen ist hier eine Sonderausstellung gewidmet.

Per Hundeschlitten durch Norwegens Winter

DER WINTER IN NORDNORWEGEN ist ein ganz besonderes Erlebnis: Vom 21. November bis zum 21. Januar steigt in Tromsø die Sonne nicht über den Horizont. Das bedeutet aber nicht, dass es völlig dunkel ist. Gute vier Stunden ist es hell, ähnlich der Dämmerung. Wenn genügend Schnee liegt, der das Licht reflektiert, entsteht eine sehr spezielle Atmosphäre.

Es gibt mehrere Möglichkeiten, im Raum Tromsø den nordnorwegischen Winter zu erleben. Von Finnsnes aus wird ein sechsstündiger Landausflug zu einem Abenteuercamp angeboten. Er führt von der Küste ins Inland. Im Camp Tamok kann man entweder eine Rentierschlittenfahrt und eine Fahrt mit dem Hundeschlittengespann ausprobieren oder die Kombination aus Schneemobil-Safari und Rentierschlittenfahrt wählen.

Der Rentierschlitten ist eine gemütliche Angelegenheit, ähnlich einem Pferdeschlitten, nur etwas kleiner, da Rentiere keine große Last ziehen können. Beim Hundeschlitten kommt es darauf an, ob man als Passagier auf dem Schlitten mitfährt oder selbst den Schlitten lenkt. Das macht Spaß, setzt aber einen gewissen körperlichen Einsatz voraus. Beim Motorschlitten verhält es sich ähnlich: Wer am Lenker sitzt, ist im Vorteil, während der Passagier darauf vertrauen muss, dass der Fahrer keinen Fehler macht.

Nach dieser Exkursion wird das Schiff in Tromsø am Abend wieder erreicht. Weniger aufwendig ist die Tour, die erst in Tromsø beginnt und auf die benachbarte Insel Kvaløya führt. Auch dort kann man sich von Huskys im Hundeschlitten durch die Winterlandschaft ziehen lassen. Dieser Ausflug wird übrigens bis Ende April angeboten, wenn die Tage im Norden schon wieder länger sind.

Auch wenn die Huskies vorher noch so bellen, jaulen und am Geschirr zerren: Sobald sie den Schlitten ziehen dürfen, verstummen die Hunde, und es ist nur noch das Knirschen der Kufen im Schnee zu hören.

WENN DAS POLARLICHT LEUCHTET

MS POLARLYS, DER HEIMLICHE STAR

DIE POLARLYS WURDE VON Troms Fylkes Dampskibsselskap (TFDS) aus Tromsø in Auftrag gegeben und entstand auf der Ulstein Verft in Ulsteinvik in Sichtweite der konkurrierenden Kværner Kleven Verft, wo Ofotens og Vesteraalens Dampskibsselskap (OVDS) seine *Nordkapp* bauen ließ. Die Aufgabenstellung war für beide Werften trotz unterschiedlicher Auftraggeber gleich: Das Konzept der Stralsund-Schiffe sollte nach den Erfahrungen mit den ersten drei Neubauten optimiert werden. So wünschte sich TFDS eine flexiblere Konferenzabteilung für Gruppen und Vorträge, auch das Auto- und Frachtdeck sollte vergrößert werden. Außerdem stand ein sparsamerer Antrieb auf dem Wunschzettel der Reederei.

MS POLARLYS

- Indienststellung: 17. April 1996
- Werft: Ulstein Verft, Ulsteinvik
- BRZ: 11 341
- Länge: 123 Meter
- Breite: 19,50 Meter
- Passagiere: 737
- Autostellplätze: 35

Heraus kam ein sehr eigenständiges Schiff, das zwar das Grundkonzept der ersten Baureihe weiterführte, aber doch neu interpretierte. Der Panoramasalon wurde 50 Zentimeter höher, die größeren und stark schräg gestellten Scheiben erlauben einen besseren Ausblick auch aus der zweiten Reihe der Salonbestuh-

Das Thema Polarlicht wurde vom Designbüro Falkum Hansen, das insgesamt sechs Schiffe für Hurtigruten gestaltete, mithilfe von kleinen LED-Leuchten umgesetzt. Die »Polarlys« unterscheidet sich in der Innenausstattung deutlich von den anderen Schiffen, sie wirkt moderner und in der Farbgebung an der einen oder anderen Stelle etwas gewagt.

lung. Von außen sind zwei Merkmale so markant, dass die *Polarlys* auch von Weitem zu erkennen ist. Zum einen ist der Windschutz auf Deck sieben elegant zum Heck hin abgerundet, wodurch das Schiff eine schnittige Linie bekommt. Zum anderen ist das vordere Treppenhaus seitlich über drei Decks verglast. Beide Maßnahmen lassen das Schiff im Inneren sehr hell und freundlich wirken. Mit ihrem runden Heck steht die *Polarlys* nicht ganz allein, noch stärker ausgeprägte Rundungen achtern weist die *Finnmarken* auf.

Das Autodeck wurde rund ein Drittel größer als bei der *Kong-Harald*-Klasse, auch die Konferenzräume wurde zulasten der Bibliothek vergrößert. Die größten Unterschiede gibt es – für den Gast nicht sichtbar – in der Antriebstechnik. Die Werft verbaute vier Motoren paarweise pro Antriebswelle, die in unterschiedlicher Konfiguration gefahren werden können. Das spart Treibstoff. Bugstrahlruder zum einfacheren Manövrieren haben die anderen Schiffe auch, aber die *Polarlys* verfügt zusätzlich über einen im Heck absenkbaren und drehbaren Pod, mit dem das Schiff auch achtern seitlich bewegt werden kann. Der sogenannte Azimuth Thruster kann im Notfall sogar alleine für eine Geschwindigkeit von sieben Knoten

(ca. 13 km/h) sorgen. Diese aufwendige Technik wurde nur bei der *Polarlys* verbaut. Für das Interieur zeichnet – wie bei allen Schiffen, die TFDS in Auftrag gab – das Osloer Büro von Finn Falkum Hansen Design verantwortlich. Falkum Hansen ist für sein klares, stringentes Design bekannt. Hatten seine ersten Entwürfe für die drei Stralsund-Schiffe noch Ähnlichkeiten mit der alten *Kronprins Harald*, die er 1987 für Jahre Line entwarf, nimmt die *Polarlys* bereits einige Elemente vorweg, die man heute auf der *Color Fantasy* und der *Color Magic* wiederfindet. Dazu zählen die kräftige Farbgebung in der Arkade, die LED-Beleuchtung im Panoramasalon sowie das Dessin der Stühle im Restaurant. Die *Polarlys* wirkt dadurch frisch und modern. Die Auswahl der Kunstwerke an Bord passt dazu: Es handelt sich überwiegend um zeitgenössische norwegische Werke von unterschiedlichen Künstlern. So fällt die *Polarlys* in mancherlei Hinsicht aus dem Rahmen, den die anderen Schiffe abstecken.

Das Polarlicht, das dem Schiff den Namen gab, ist mit einem Gemälde von Kåre Tveter vertreten. Tveter lieferte auch zwei Aquarelle mit

Motiven von Spitzbergen. Der 2012 verstorbene Maler stiftete übrigens 40 seiner Bilder einer Stiftung, die eine Galerie in Longyearbyen auf Spitzbergen betreibt.

Die *Polarlys* ist das dritte Schiff dieses Namens auf Hurtigruten. Die ersten beiden Schiffe können jeweils auf eine lange Geschichte in der Flotte zurückblicken. Die erste *Polarlys* diente von 1912 bis 1951 zwischen Bergen und Kirkenes im Liniendienst. Als eines der ganz wenigen Schiffe überstand sie beide Weltkriege. Sie galt als eines der schnellen Schiffe und verfügte bereits früh über einen isolierten Frachtraum mit Kühlanlage, vornehmlich für Fisch. Nach ihrer Zeit bei Hurtigruten kaufte die norwegische Marine die *Polarlys* und baute sie um. Erst 1964 wurde das 1912 gebaute Schiff abgewrackt. Die zweite *Polarlys*, die in Ålborg in Dänemark gebaut wurde, fuhr von 1952 bis 1993, also ebenfalls über 40 Jahre im tagtäglichen Liniendienst.

Transparente Optik: Besonderes Kennzeichen der »Polarlys« ist das verglaste Treppenhaus, das sich über drei Decks zieht. Der Panoramasalon fiel einen halben Meter höher aus als auf den übrigen Schiffen, dadurch wirkt er besonders luftig und gibt die Sicht auf hohe Berge einfacher frei.

6. TAG

DAS NORDKAP RUFT

VON ØKSFJORD ÜBER HONNINGSVÅG BIS NACH BERLEVÅG

Große Ereignisse werfen ihre Schatten voraus: Das Nordkap naht! In den frühen Morgenstunden wird zunächst Hammerfest erreicht, dann geht es nach einem Zwischenstopp in Havøysund nach Honningsvåg. Während der dreieinhalbstündigen Liegezeit in Honningsvåg wird ein Ausflug an den nördlichsten Punkt Europas angeboten, den kaum ein Gast versäumt. Am Abend warten mit Kjøllefjord und Mehamn noch zwei typische Fischerdörfer am Rande der Barentssee auf das Hurtigruten-Schiff.

Fischerdörfer und ein Touristenmagnet

Seite 126/127: Seltenes einsames Bild: Der Globus am Nordkap ist meist von Touristen belagert, die hier alle ihr Erinnerungsfoto knipsen möchten.

In den frühen Morgenstunden wird Øksfjord angelaufen, das auf einer Halbinsel vor Alta liegt. Alta, das inzwischen rund 14 000 Einwohner zählt und damit zu den größeren Städten in Nordnorwegen gehört, stand auch mehrere Jahre auf dem Fahrplan von Hurtigruten. Aber zum Wesen von Hurtigruten gehört die schnelle, direkte Verbindung entlang der Küste – dafür war der Weg tief hinein in den Altafjord einfach zu zeitaufwendig. Die nächtliche Fahrt des Schiffes von Øksfjord endet morgens kurz nach 5 Uhr, dem Zentrum der nordnorwegischen Gasförderung. Nach 90 Minuten Liegezeit – Frühaufsteher können sie für einen Morgenspaziergang nutzen – geht es weiter nach Havøysund.

Havøysund markiert den wichtigsten Kurswechsel der Schiffe: Ab hier geht es kaum noch weiter nach Norden, die Hauptfahrtrichtung ist nun Osten. Norwegen wird oft nur in seiner großen Nord-Süd-Ausdehnung wahrgenommen: Von Kap Lindesnes im Süden bis zum Nordkap sind es 2518 Straßenkilometer. Dass man aber von Tromsø nach Kirkenes, also von West nach Ost 830 Straßenkilometer vor sich hat, wird oft übersehen. Oder anschaulicher ausgedrückt: Deutschland passt quer beinahe einmal in Nordnorwegen hinein.

Das Fischerdorf Havøysund zählt rund 1000 Einwohner und lebt vom Fischfang. Der Blick fällt auf die große Fischfabrik und all die Fischkutter, die im Hafen liegen.

Spark heißt der Tretschlitten auf Norwegisch, der im Winter beim Einkaufen oder beim Spaziergang gute Dienste leistet. Das Nordkap war im Winter nicht zu erreichen. Touristen kamen keine und sonst wollte niemand dorthin. Erst seit Hurtigruten auch im Winter Landausflüge zum Nordkap anbieten, wird die Straße freigehalten, so gut es geht. Hohe Schneewände rechts und links sind keine Seltenheit.

Honningsvåg wird von über hundert Kreuzfahrtschiffen jedes Jahr angelaufen – eine beträchtliche Zahl angesichts der kurzen Sommersaison. Hurtigruten jedoch legt täglich an, beinahe das ganze Jahr hindurch.

Der Hafen des Nordkaps

Magerøya heißt die Insel, auf der Honningsvåg auf der einen und das Nordkap auf der anderen Seite liegen. Seit 1999 muss man, um an das Nordkap zu gelangen, keine Fähre mehr nehmen, ein unterseeischer Tunnel verbindet Honningsvåg mit dem Festland. Der Tunnel wurde durch eine Maut finanziert, Touristen aus aller Welt haben dazu beigetragen, dass er vorzeitig im Sommer 2012 abbezahlt war und seither kostenlos zu befahren ist.

Honningsvåg selbst besteht aus einem geschützten Hafen, ein paar bunten Holzhäusern, zwei Hotels, einer Tankstelle und einer Kirche. Der Ort sieht nicht nach Touristenmagnet aus, die Lagerhäuser am Kai zeugen von Fischfang und Handel. Wenn man von Bord des Hurtigrutenschiffs geht, stößt man gleich auf die ersten Souvenirstände. Rentierfelle und Geweihe gibt es hier zu kaufen. Sechs Familien lassen ihre Rentiere noch auf Magerøya weiden. Neben Honningsvåg sind noch drei Dörfer auf Magerøya ganzjährig bewohnt.

Gjesvær liegt an der Westseite der Insel und ist bekannt für seinen Vogelfelsen. Skarsvåg und Kamøyvær liegen in geschützten Buchten auf der Ostseite der Insel. Die Zufahrtstraße nach Gjesvær und Skarsvåg führt über eine Hochebene. So weit nördlich reichen 300 Höhenmeter bereits, um der Vegetation kaum noch eine Chance zu lassen. Wenn die Straße im Winter wegen Schneeverwehungen gesperrt ist, bleibt wie zu alten Zeiten nur der Wasserweg zu den Dörfern auf Magerøya.

Traumziel Nordkap

EUROPAS NÖRDLICHSTER PUNKT ist ein Sehnsuchtsziel für viele. Bis zum Nordpol kommt nur noch Wasser und Eis, könnte man glauben, wenn man am Nordkap steht – Spitzbergen ist von hier nicht zu sehen. Und es gibt auch kein Schild, das darauf hinweist, dass der nördlichste Punkt der Insel Magerøya – und damit Europas – die Landzunge Knivskjelodden auf der anderen Seite der Bucht ist, die ganze 1380 Meter weiter nördlich ins Meer ragt als das Nordkap.

Man muss das Nordkap nehmen, wie es ist: ein Magnet für Touristen aus aller Welt, ein Stückchen Theater für Urlauber und ein Ort, an dem in der kurzen Saison ordentlich Geld verdient wird. Bis zu 8000 Besucher täglich, das sind mehr als dreimal so viele Menschen, wie die Stadt Honningsvåg Einwohner hat. Der Souvenirshop in der Nordkaphalle ist größer als alle Souvenirläden in Geiranger zusammen, und der Eintritt ist mit 235 Norwegischen Kronen, also rund 32 Euro, alles andere als ein Schnäppchen. Das wird auch in Norwegen kritisch gesehen: Das Umweltministerium in Oslo hat die Betreibergesellschaft der Nordkaphalle mehrfach erfolglos aufgefordert, die Eintrittspreise zu senken.

DIE »MUSS-POSTKARTE« AUF DEM NORDKAP-FELSEN

Den nördlichsten Punkt des europäischen Festlands, das Nordkap, symbolisiert am besten die berühmte Weltkugel vor dem Besucherzentrum. Ich war innerhalb eines Jahres fünfmal an diesem geografischen Highlight, und das Licht, die Atmosphäre und die Stimmung waren jedes Mal anders. Gigantisch wird der Blick im Sommer, wenn die Sonne neben der Weltkugel steht oder diese im Durchblick der Kugel zum Glühen kommt (s. S. 126 oben). Wer einmal mit dem Auto dorthin gefahren ist, findet das Licht der Abendsonne zur Zeit der Mitternachtssonne garantiert überwältigend.

Der beste Standort für die Kamera ist etwas weiter von der Kugel entfernt. Das Teleobjektiv zieht das Meer und die Wolken ganz nah an die Weltkugel. Die Klippe selbst kann man nur von einem seitlichen Standort aus integrieren.

Wenn sich die Urlauber aus aller Welt gar zu sehr um den berühmten Globus auf der 307 Meter hohen Klippe über dem Meer drängen, braucht man nur hundert Meter weiter zu spazieren. Dort, wo der Zaun aufhört, nimmt die Zahl der Besucher rapide ab. Und dann kommt es wieder: dieses erhabene Gefühl, so weit nördlich zu sein, dass der Horizont in drei Himmelsrichtungen mit dem Meer verschmilzt. Dann kommt das Flair zurück, das vom Nordkap ausgehen kann.

Eigentlich hieß der Felsen Knyskanes, aber der britische Forschungsreisende Richard Chancellor führte 1553 den Begriff Nordkap ein, als er auf der Suche nach der Nordwest-Passage die Insel Magerøya passierte. Mit über 200 000 Besuchern jährlich ist das Nordkap eine der größten Attraktionen Norwegens. Bei schlechtem Wetter bietet die 1990 eröffnete Nordkaphalle Schutz.

Mit den Seevögeln ziehen

EINE DER GRÖSSTEN SEEVOGELKOLONIEN NORWEGENS gibt es bei dem Fischerdorf Gjesvær, das auf der Nordkap-Insel Magerøya abseits vom Touristenrummel liegt. Nach einer kurzen Bustour, die in Honningsvåg beginnt, fährt man mit dem Boot von Gjesvær hinaus zur Insel Gjesværstappan, einem 283 Meter hohen Felsplateau. Hier leben Papageitaucher und Tordalke, Trottellummen und Kormorane, Raubmöwen und Basstölpel, Sturmschwalben und Eissturmvögel. Vor allem die possierlichen Papageitaucher sind als Fotomotiv beliebt, mit etwas Glück sind auch Seeadler zu sehen. Dieser Ausflug ist eine schöne Alternative für alle, die dem Trubel am Nordkap entgehen möchten.

Die norwegische Küste bietet ornithologisch Interessierten ein reiches Betätigungsfeld. Von der Vogelinsel Runde zwischen Kristiansund und Trondheim über den Vogelfelsen Gjesværstappan unweit des Nordkaps bis in den Osten bei Vardø sind große Kolonien von Seevögeln anzutreffen.

Hurtigruten hilft: Kjøllefjord und Mehamn trennen auf der Straße nur 34 Kilometer, doch diese sind im Winter nicht immer passierbar.

Die Halbinsel Nordkinn

Nach der Ausnahmesituation am Nordkap zeigen die nächsten Häfen nun wieder den wahren Charakter der Finnmark, Norwegens nördlichstem Landesteil. Es ist egal, ob man zum Nordkap mit einem Kreuzfahrtschiff oder mit Hurtigruten reist. Aber in Häfen wie Kjøllefjord und Mehamn wird deutlich, warum Hurtigruten für den Hohen Norden so wichtig ist. Fährt man von Honningsvåg nach Kjøllefjord auf dem Landweg, muss man einmal die Uferlinie des mächtigen Porsangerfjords ausfahren. Das sind fast 400 Straßenkilometer und knapp sechs Stunden Fahrzeit. Hurtigruten benötigt zweieinhalb Stunden für die Fahrt quer über den Porsangerfjord! Wenn im Winter die Straßen zugeschneit sind, ist nur der Wasserweg weiter offen.

Kjøllefjord und Mehamn liegen auf der großen Halbinsel Nordkinn, ein Hafen im Westen, der andere im Norden der Insel, rund 30 Kilometer voneinander entfernt. Eine Straßenverbindung haben die beiden Dörfer erst 1989 bekommen, bis dahin waren sie nur auf dem Seeweg zu erreichen. Die einzige Zufahrt führt über ein rund 300 Meter hohes Plateau. Im Tal liegen auf beiden Seiten Aufstellplätze für Fahrzeuge. Wenn im Winter die Straße nur mit Mühe freigehalten werden kann, wird hier zu festen Zeiten hinter dem Schneepflug Kolonne gefahren. Oder man nimmt gleich Hurtigruten.

Gamvik auf der Ostseite der Halbinsel wurde von 1911 bis 1990 von Hurtigruten angelaufen. Sinkende Einwohnerzahlen und eine schwierige Hafeneinfahrt haben Gamvik leider aus dem Fahrplan fallen lassen.

Winterabenteuer in der Polarnacht

EIN KLEINES ABENTEUER GEFÄLLIG? Auf der Halbinsel Nordkinn wird ein sportlicher Landausflug im Winter angeboten. Mit dem Motorschlitten kann man von Kjøllefjord nach Mehamn über die Berge fahren, während das Schiff die Insel umrundet. Die Tour findet von Mitte Dezember bis Mitte Mai statt – womit dann auch klar ist, dass der Winter hier im Norden nicht mit unseren mitteleuropäischen Wintern vergleichbar ist. Der Vorteil des langen Winters: Man kann sich aussuchen, ob man die Tour im harschen Januar im Dunkeln fahren möchte oder bei strahlendem Sonnenschein Ende April und Anfang Mai. Die Temperaturen können bei knackigen minus 20 Grad liegen oder bei einstelligen Plusgraden. Natürlich wird eine entsprechende Schutzkleidung gestellt. Instruktoren erklären nicht nur, wie man mit einem Schneescooter fährt, sondern erzählen auch Wissenswertes über das Leben an der nordnorwegischen Küste.

Sehr speziell an dem Angebot ist, dass die Motorschlittentour auch auf der südgehenden Route angeboten wird. Dann wird die Polarnacht zum Tag gemacht: Start ist in Mehamn um 1.15 Uhr. In Kjøllefjord wird um 3.30 Uhr wieder an Bord gegangen. Mit etwas Glück hat man einen klaren Himmel und sieht auf der Fahrt das Nordlicht.

Mit dem Motorschlitten durch die Polarnacht: Statt an Bord kann man die Fahrt von Kjøllefjord nach Mehamn im Winter auch mit einem Motorschlitten machen.

DIE DOPPELTAUFE

MS NORDKAPP, DER UNGLEICHE ZWILLING

EIN WENIG SEEFAHRTSROMANTIK ist schon dabei: Im Panoramasalon der *Nordkapp* steht ein hölzernes Steuerrad, wie es sie früher auf Schiffen gab: lackiertes Holz, besetzt mit glänzendem Messing. Daneben Bullaugen in einer Innenwand und ein Tampen, der wie ein Handlauf an der Wand hängt. Mit weitem Blick über den Bug auf das Meer kann man hier ein wenig Kapitän spielen. Heute geht es auf der Brücke deutlich sachlicher zu: Navigiert wird nicht mehr wie zu Kapitän Richard Withs Zeiten mit Karten und eigenen Aufzeichnungen, sondern mittels Satellitennavigation. Und statt des Steuerrades bedient der Rudergänger nur noch einen Joystick.

MS NORDKAPP

- Indienststellung: 2. April 1996
- Werft: Kværner Kleven Verft, Ulsteinvik
- BRZ: 11 386
- Länge: 123,30 Meter
- Breite: 19,50 Meter
- Passagiere: 691
- Autostellplätze: 45

Die *Nordkapp* ist das erste Schiff der jüngeren Generation, das auf einer norwegischen Werft entstand. Kværner Kleven in Ulsteinvik, südwestlich von Ålesund gelegen, besorgte den Bau der *Nordkapp* für die Reederei Ofotens og Vesteraalens Dampskibsselskap (OVDS) in Narvik. Nach den ersten drei neuen Schiffen, die in Stralsund auf der Volkswerft gebaut worden waren, wollte man nun das Konzept leicht über-

arbeiten und optimieren. Dazu ließ man in Turku bei den Kværner Masa Yards – seinerzeit gehörten beide Werften zum selben Konzern – sowie beim Marinetechnischen Institut in Trondheim Messungen vornehmen, um das Strömungsverhalten des Wassers am Rumpf zu verbessern. Ein geringerer Treibstoffverbrauch, weniger Vibrationen und eine verbesserte Geräuschisolierung standen ganz oben auf dem Wunschzettel der Reederei aus Narvik. Äußerlich zu erkennen ist die *Nordkapp* an dem leicht aus dem Heck ragenden Restaurant, das größere und leicht schräg gestellte Scheiben hat. Diese kleine Besonderheit hat sie mit der ebenfalls bei Kværner Kleven gebauten *Nordnorge* gemeinsam.

Die Kiellegung erfolgte am 24. November 1994, bis zur Taufe vergingen noch knapp eineinhalb Jahre. In einer Doppeltaufe gab Königin Sonja von Norwegen am 23. März 1996 der *Nordkapp* ihren Namen, während nebenan die *Polarlys* getauft wurde. Die *Polarlys* war parallel auf der benachbarten Ulstein Verft, ebenfalls in Ulsteinvik gelegen, gebaut worden. Es hat viele Hurtigrutenschiffe gegeben, die nach der Schiffstaufe zunächst auf eine Präsentationstour oder eine kleine Kreuzfahrt gingen, bevor sie den Liniendienst aufnahmen. Die *Nordkapp* durfte eine

In einer Doppeltaufe wurde die »Nordkapp« gleichzeitig mit der »Polarlys« benannt. Beide entstanden in Ulsteinvik nahe Ålesund, die eine auf der Kværner Kleven Verft, die andere auf der benachbarten Ulstein Verft.

Kreuzfahrt zu den Shetlands und Orkneys machen, bevor sie am 2. April 1996 die alte *Nordnorge* aus dem Jahr 1964 auf Hurtigruten ablöste.

Die größten Schlagzeilen löste die *Nordkapp* auf einer Kreuzfahrt aus. Mehrere Jahre veranstaltete Hurtigruten zuerst mit einem, dann mit zwei Linienschiffen im norwegischen Winterhalbjahr Kreuzfahrten in der Antarktis. Nur nebenbei bemerkt schufen diese Kreuzfahrten die Möglichkeit, die klassischen Schiffe, vor allem die *Nordstjernen*, wieder als Ablöser einzusetzen. Bei einer dieser Kreuzfahrten hatte die *Nordkapp* am 30. Januar 2007 eine Grundberührung. Das Schiff schlug leck, konnte sich aber aus eigener Kraft mit leichter Schlagseite über Wasser halten. Die 294 Passagiere an Bord mussten aufgrund schlechten Wetters 24 Stunden ausharren, bis sie von der ebenfalls in südlichen Gefilden kreuzenden *Nordnorge* an Bord genommen und nach Argentinien an Land gebracht werden konnten.

Seit der Fertigstellung des Expeditionsschiffs *Fram* setzt Hurtigruten keine Linienschiffe mehr in der Antarktis ein. Die *Fram* wurde am 24. April 2007 in Dienst gestellt und besucht im Sommerhalbjahr Grönland und Spitzbergen, während sie im Winterhalbjahr in die Antarktis fährt. Für die *Nordkapp* ging die Geschichte seinerzeit gut aus, auch wenn das Schiff erst deutlich verspätet wieder seinen Liniendienst ab Bergen aufnehmen konnte.

Die Ausgestaltung der Räumlichkeiten oblag erstmals dem norwegischen Schiffsarchitekten Arne Johansen, der für die *Nordkapp* ein

maritimes Thema wählte. Mit zahlreichen Violett- und Türkistönen sind die Farben typisch für Mitte der Neunzigerjahre. Nach heutigen Maßstäben gelang Johansen die *Finnmarken* sechs Jahre später deutlich besser. Mit den Kunstwerken an Bord wurde Karl Erik Harr (geb. 1940) aus Harstad betraut, der in Norwegen große Popularität genießt, aber über die Landesgrenzen hinaus wenig bekannt ist. Immerhin hängen einige seiner Werke auch in der Nationalgalerie in Oslo. Harr ist einer der Vertreter der norwegischen Neuromantik, ein Begriff, der eigentlich aus dem ausgehenden 19. Jahrhundert stammt. In der Literatur zählt Knut Hamsun zu den Protagonisten, in der Malerei war es unter anderem Theodor Kittelsen, der mit seinen Trollfiguren Berühmtheit erlangte. Auf diese Tradition beruft sich auch Harr, der an Bord das Nordkap-Plateau ebenso verewigte wie die typischen Nordlandboote und weitere Motive aus Nordnorwegen. Betrachtet man also die Kunstwerke von Harr und das Interieur des Architekten Arne Johansen als Einheit, so ergibt sich an Bord der *Nordkapp* eine spezielle maritime Atmosphäre.

Die »Nordkapp« wurde zeitweise ebenfalls für Kreuzfahrten in der Antarktis eingesetzt, jedoch nicht so oft wie die »Nordnorge«. Das Innendesign des Schiffes gestaltete erstmals Arne Johansen, der später auch der »Nordnorge« und der »Finnmarken« ihr charakteristisches Aussehen gab.

7. TAG

AM WENDEPUNKT

VON BÅTSFJORD NACH KIRKENES UND ZURÜCK

Am siebten Tag der Reise ist der Wendepunkt erreicht: Kirkenes im äußersten Nordosten des Landes nahe der russischen Grenze. Zuvor stehen die nächtlichen Anläufe von Berlevåg, Båtsfjord und Vardø auf dem Fahrplan. In Vadsø, der Hauptstadt der Region Finnmark, macht das Schiff zum Frühstück fest, bevor es den Varangerfjord nach Süden kreuzt, um Kirkenes zu erreichen. Wer statt der gesamten Rundreise nur die eine Strecke gebucht hat, geht nun von Bord, neue Gäste für die südgehende Route steigen zu.

Am Rande der Barentssee

Seite 142/143: Östlich des Nordkaps findet man nur noch kleine Fischerdörfer und Siedlungen. Kirkenes mit seinen ca. 4000 Einwohnern besitzt Stadtrechte und ist im Verhältnis zu den umliegenden Dörfern fast eine größere Stadt.

Kleine Fischkutter im Hafen von Vadsø. Schwer vorstellbar, dass damit im rauen Nordmeer gefischt wird.

Amundsen und der Zeppelin

Der einzige Hafen, der nur nordgehend angelaufen wird, ist Vadsø, die Hauptstadt der Region Finnmark. Es würde keinen Sinn machen, wenn man hier morgens um 8 Uhr anlegt und um 14 Uhr, auf dem Rückweg von Kirkenes, schon wieder am Kai von Vadsø festmacht, schließlich trennen Vadsø und Kirkenes nur 24 Seemeilen. Sicher, auf dem Landweg sind es mit über 170 Kilometern gleich wieder große Entfernungen, aber das ist man hier im Norden gewöhnt.

Vadsø war Ausgangspunkt einer spektakulären Expedition. 1926 machte hier das Luftschiff *Norge* fest, mit dem der italienische Forscher Umberto Nobile und sein norwegischer Kollege Roald Amundsen als Erste den Nordpol überquert haben. Der stählerne Mast, an dem seinerzeit der Zeppelin festmachte, steht bis heute auf einer Wiese in Vadsø.

Die zweite Expedition im Jahr 1928 endete in einer Katastrophe. Nobile startete mit seinem neuen Luftschiff *Italia* von Spitzbergen aus zu einer weiteren Reise. Der Zeppelin stürzte ab, es setzte eine internationale Rettungsaktion ein, an der sich auch Amundsen mit einem Wasserflugzeug beteiligte. Auf diesem Flug verliert sich die Spur Amundsens, wo und wann er abstürzte, ist bis heute ungeklärt. Nobile hingegen wurde gefunden und konnte schwer verletzt gerettet werden. Am Luftschiffsmast von Vadsø erinnert eine Gedenktafel an die Luftschiffexpeditionen von Nobile und Amundsen.

Wendepunkt an der russischen Grenze

Der Wendepunkt der Reise ist erreicht: Kirkenes. Seit dem 1. Oktober 1908 wird Kirkenes angelaufen, an diesem Datum wurde die im Wesentlichen bis heute gültige Streckenführung zum ersten Mal befahren. Obwohl hier nur rund 3400 Einwohner leben, erhielt Kirkenes 1998 Stadtrechte verliehen. Ursprünglich hieß die Siedlung Piselvnes. Als 1862 eine Kirche, norwegisch Kirke, erbaut wurde, wurde der Name in Kirkenes geändert.

Von Kirkenes sind es nur etwa zehn Kilometer bis zur russischen Grenze, die aber Richtung Petsamo in Russland noch eine große Kurve beschreibt. Ein beliebter Ausflugsort ist die Kapelle Oscar II. in Grense-Jakobselv, etwa 60 Kilometer östlich von Kirkenes. Der kleine fischreiche Fluss Jakobselv bildet hier die Grenze zu Russland. Um eine Genehmigung zum Lachsangeln zu bekommen, muss man norwegischer Staatsbürger sein. Der Oberlauf des Flusses ist zur Stromgewinnung reguliert.

Souvenirstände gibt es viele in Kirkenes, aber Vorsicht beim Kauf: Seehundfell darf nicht nach Deutschland importiert werden.

Kirkenes ist eine schlichte Bergbausiedlung, hat aber oft von der Nähe zu Russland profitiert. Russische Souvenirs gibt es natürlich auch auf der norwegischen Seite der Grenze.

Kirkenes verdankt seine Entstehung Erzfunden. Von 1906 bis 1996 wurde hier Erz im Tagebau gewonnen. Seit 2007 gibt es Pläne, den Abbau wieder in großem Stil aufzubauen, doch die Finanzkrise 2009 vereitelte dies. So kämpft die neue Grubengesellschaft erneut ums wirtschaftliche Überleben. Der Erzabbau war im Zweiten Weltkrieg heiß umkämpft, Kirkenes wurde wie kaum eine andere Stadt in Europa bombardiert. Über 300 Angriffe wurden gegen die Stadt und den Erzabbau geflogen. Mehrere Denkmäler erinnern an diese schwierige Zeit.

Kirkenes war der erste Ort Norwegens, der von der Roten Armee befreit wurde. Die deutschen Besatzer hinterließen auf ihrem Rückzug aus der Region Finnmark nur Schutt und Asche: In der von Hitler angeordneten »Operation Nordlicht« wurden 1944 alle Ortschaften nördlich von Tromsø systematisch niedergebrannt. Kirchen, Krankenhäuser, Schulen und Privathäuser, nichts wurde verschont. Dies ist einer der Gründe, warum es in der Region zwischen Alta und Kirkenes so wenig historische Gebäude zu sehen gibt. Dass es so wenig Opfer unter der Zivilbevölkerung bei der Evakuierung gab, war dem milden Winter zu verdanken.

Was tun im Winter? Die Einheimischen lieben das Eisangeln und das Fangen der Kongekrabbe, die auf Deutsch auch gern Kamtschatkakrabbe genannt wird. Touristen hingegen vergnügen sich bei kurzen Touren mit Motorschlitten.

Wohnen im Schnee

DIE SCHWEDEN HABEN ES VORGEMACHT: Das Eishotel in Jukkasjärvi war das Erste seiner Art weltweit. Seit 2006 hat auch Kirkenes sein »Snowhotel«. Zwanzig Suiten werden jeden Winter aus Schnee und Eis neu gebaut. Die Eisblöcke werden aus zugefrorenen Seen geschnitten, der Schnee in Formen gepresst. Im Grunde ist die Bauweise von den Iglus der Inuit bekannt. Allerdings kann man in Kirkenes darin übernachten. Auf den Betten aus Schnee und Eis liegen gut isolierte Matratzen, dazu bekommt man Schlafsäcke, die bis minus 35 Grad warm halten. So kalt wird es im Schneehotel allerdings nicht, meist haben die »Zimmer« um die minus acht Grad. Türen gibt es nicht. Damit die Luft zirkulieren kann, hat jeder Raum nur einen Vorhang. Als Gast an Bord von Hurtigruten kann man das Schneehotel als Ausflug besuchen. Wer hier übernachten will, muss seine Reise in Kirkenes allerdings beenden oder mit einem anderen Schiff zurück nach Bergen fahren.

Die Idee stammt aus Schweden, inzwischen gibt es auch in Kirkenes ein Schneehotel, das jeden Winter neu gebaut wird. Das Übernachten im Iglu ist ein ganz besonderes Erlebnis – ebenso wie das Nordlicht am Polarhimmel.

Unterwegs im Pasvik-Tal

BEI KIRKENES MÜNDET DER FLUSS PASVIKELVA in den Bøkfjord. Der Fluss bildet teilweise die Grenze zu Russland, an seinem Oberlauf liegt der Pasvik-Nationalpark mit seiner großen Bärenpopulation. Das Tal führt weiter bis nach Finnland hinein und weist eine klimatische Besonderheit auf: Im Durchschnitt fallen hier im Jahr nur 400 Millimeter Niederschlag, also etwa die Hälfte des Niederschlags von München und ein Sechstel des Werts von Bergen! Das obere Pasviktal ist im Juli der wärmste Ort Nordnorwegens mit einer Durchschnittstemperatur von 14 Grad! Ähnlich wie im Norden Finnlands herrscht hier ein Inlandsklima mit warmen, trockenen Sommern und kalten Wintern.

Während der dreistündigen Liegezeit werden in Kirkenes zahlreiche Landausflüge angeboten, darunter auch eine Bootsfahrt auf dem Pasvikelva zur russischen Grenze. Die für die Flüsse des Hohen Nordens typischen langen Holzboote werden heutzutage aber nicht mehr gerudert, sondern von einem kräftigen Außenborder angetrieben.

Auf dem norwegisch-russischen Grenzfluss Pasvikelva werden Fahrten mit einem traditionellen Holzboot angeboten, das jedoch ganz modern per Motor angetrieben wird. Ein anderer Ausflug wird per Quad gemacht, ebenfalls in die Nähe der Grenze bei Kirkenes.

Ein Thema dieser Exkursion ist das norwegisch-russische Verhältnis, das dort oben in der Praxis viel entspannter war und ist als es die politische Großwetterlage glauben lässt. Insgesamt gibt es sieben Wasserkraftwerke in dem Grenzfluss, fünf russische und zwei norwegische. Der Pasvikelva wird gespeist vom riesigen Inari-See in Finnland. Das Kraftwerk Boris Gleb, benannt nach der kleinen orthodoxen Kapelle, entstand mitten im Kalten Krieg. 1959 hatten Finnland, Norwegen und Russland ein Abkommen abgeschlossen, dass die Regulierung des Inari-Sees vorsah. So konnte das Kraftwerk Boris Gleb von norwegischen Firmen und norwegischen Facharbeitern ohne Probleme auf russischem Territorium erbaut werden.

Vardø ist die östlichste Stadt Norwegens, sie liegt östlich von Istanbul und Kiew! Die Menschen leben hier seit Jahrhunderten vom Handel mit den russischen Küstenbewohnern und vom Fischfang.

Vardø, die östlichste Stadt Norwegens

Vardø ist die östlichste Stadt Norwegens. Sie liegt nicht nur weiter östlich als Kirkenes, sondern auch östlich von Istanbul und Kiew! Norwegen liegt eben nicht gerade in Nord-Süd-Richtung auf dem Globus, sondern ein wenig schräg. Die Lage 20 Grad östlich der Hauptstadt Oslo entspricht ungefähr einem Zeitunterschied von einer Stunde und 20 Minuten. Von der Einführung einer anderen Zeitzone wie in Finnland hat man in Nordnorwegen aber abgesehen.

FREUDE AN DER FARBE – HÄUSERENSEMBLE VON VARDØ

Sobald das Schiff südgehend den Felsen von Vestervågen hinter sich gelassen hat, sieht man an der Backbordseite eine Reihe von bunten Holzhäusern an der Hafeneinfahrt von Vardø (s.S. 154/155). Gegen 16.00 Uhr erreicht das Schiff Vardø – und sollte die Sonne scheinen, steht sie dann auch genau richtig auf den Häusern und verstärkt zusätzlich deren Farbigkeit. Ein leichtes Teleobjektiv von 90–120 mm wäre die richtige Wahl. Warten Sie, bis die Häuser parallel zum Schiff stehen, denn zu früh haben Sie zusätzlich die drei nicht sehr fotogenen Radarkugeln im Bild. Deck 7 ist der beste Standort für dieses Motiv, da es eine leichte erhöhte Aufsicht bietet.

Vardø war immer der äußerste Vorposten des dänisch-norwegischen Reiches. Bis weit ins 19. Jahrhundert hinein war die Grenzziehung zwischen Schweden, Russland und Norwegen nicht endgültig geregelt. Finnland, das 600 Jahre zu Schweden gehörte und ab 1809 ein russisches Großherzogtum wurde, hatte seine nördlichen Grenzen ebenfalls nicht klar abgesteckt. Nur Vardø gehörte immer eindeutig zu Norwegen. Bereits 1307 hatte es eine erste Festung auf der Insel gegeben, die heute durch einen unterseeischen Tunnel mit dem Festland verbunden ist.

Durch die Nähe zu Russland wurde Vardø ein wichtiger Handelshafen. Der sogenannte Pomorhandel zwischen Nordnorwegern und Russen bildete über Jahrhunderte die Lebensgrundlage: Pelze und Fisch wurden gehandelt, aber auch wertvolles Salz, das zur Konservierung von Lebensmitteln benötigt wurde. Zwischen 1740 und 1907 erreichte dieser Grenzhandel seinen Höhepunkt. In Vardø gibt es ein kleines Museum, das über die russisch-norwegischen Handelsbeziehungen informiert. Das Hurtigrutenschiff liegt südgehend eine Stunde in Vardø, genügend Zeit für einen kleinen Stadtbummel durch diesen interessanten Ort.

Spaziergang zur Festung Vardøhus

MAN MUSS ES SICH EINMAL VORSTELLEN: Die Festung Vardøhus erhielt mehrmals im Jahr Post, die von Postruderern überbracht wurde. Ab 1804 wurden sogar in dreiwöchigem Abstand Boote von Trondheim nach Alta geschickt und von dort weiter nach Vardø transportiert. Die erste Befestigungsanlage in Vardø hat man im Jahr 1307 erbaut, die heutige Festung entstand in ihren Grundzügen von 1734 bis 1737. Eine sternförmige Schanze umschließt die wenigen Häuser im Inneren.

Wenn das Hurtigrutenschiff Vardø erreicht, stehen meist Freiwillige in Uniform am Kai und versuchen, die Gäste des Schiffes von einem kurzen Spaziergang zur Festung zu überzeugen. Sie gehören zu einem Verein, der sich um den Erhalt der Festung und das kleine Museum kümmert. Es sind nur fünf Minuten zu gehen und die Guides achten darauf, dass sie ihre Gäste auch rechtzeitig zum Schiff zurückbringen.

Bis heute untersteht die Festung Vardøhus militärisch der Festung Akershus in Oslo. Ein Kommandant und vier Wehrpflichtige leisten hier ihren Dienst – ein mehr symbolischer Akt, ernsthafte militärische Aufgaben sind hier nicht zu erledigen. Und bis die alten Kanonen schussbereit sind, dürfte ein Krieg wohl schon vorbei sein. Die Festung Vardøhus jedenfalls hat eher den Charakter eines kleinen Parks.

Mitglieder des Vereins »Freunde der Festung Vardøhus« locken die Passagiere zur gut erhaltenen Festung. Dort wird im Frühling die Sonne mit Salutschüssen begrüßt, wenn sie sich nach der langen Polarnacht das erste Mal wieder über dem Horizont zeigt.

Bunte Holzhäuser säumen die Einfahrt nach Vardø. An grauen Tagen geben die leuchtenden Farben dem Auge Halt (oben).

Warm ist relativ: Eisbaden bei 4 Grad Celsius als Mutprobe für die Besatzung der »Midnatsol«.

Fischerdörfer am Polarmeer

Auf dem Weg zurück von Kirkenes nach Bergen folgen westlich von Vardø als nächste Häfen Båtsfjord und Berlevåg. Båtsfjord zählt zu den größten Fischerdörfern an der gesamten Finnmarkküste. Die fischreiche Barentssee – eine Büste des holländischen Seefahrers und Entdeckers Willem Barents steht übrigens in Vardø am Hafen – bildet bis heute die Lebensgrundlage für die Siedlungen an der Küste der Region Finnmark. Båtsfjord zählt jedes Jahr rund 10000 Schiffsanläufe, in der Mehrzahl handelt es sich um Fischerboote und kleine Kutter.

Zwischen Båtsfjord und Berlevåg liegt das Dorf Kongsfjord. Bis 1975 legte Hurtigruten hier an. Während Båtsfjord aufblühte, ereilte Kongsfjord ein ähnliches Schicksal wie Gamvik auf der Halbinsel Nordkinn: Die Menschen zogen weg, der über Jahrhunderte so wichtige Handelsplatz verlor an Bedeutung. 2004 schloss die Schule, seitdem müssen die Kinder ins 30 Kilometer entfernte Berlevåg gebracht werden. Das ist nicht immer einfach: Der Ishavsveien, die Eismeerstraße, zwischen Kongsfjord und Berlevåg verläuft dicht am Meer und ist heftigen, häufig wechselnden Fallwinden ausgesetzt. Ein Boot, das von den mächtigen Wellen über die Straße an Land gedrückt wird, kann man hier ebenso beobachten wie ein von der Straße gewehtes Auto. Bei schlechtem Wetter ist also Vorsicht geboten. Bei gutem Wetter zählt die Eismeerstraße jedoch zu den schönsten Panoramastrecken der Finnmark.

Berlevåg war selbst für die Schiffe der Hurtigruten früher schwer zu erreichen. Erst mit dem Neubau der großen Hafenmole aus riesigen Tetraedern 1970 konnte der Hafen nachhaltig geschützt werden. So wurden die Tetraeder zum Symbol für Berlevåg. Leider liegt der neue Hurtigruten-Anleger etwas außerhalb des Zentrums. Die kurze Liegezeit reicht nicht aus, um sich Berlevåg anzuschauen. Das südgehende Schiff trifft beim Auslaufen kurz vor der Hafeneinfahrt auf das nordgehende Schiff.

Der Fischfang ließ die Orte an der Barentssee wachsen: Båtsfjord hat immerhin rund 2000 Einwohner, Berlevåg kommt auf etwas mehr als die Hälfte.

Seite 158/159: Im Winter treiben Eisschollen auf dem Bøkfjord bei Kirkenes.

VESTER
ACKETS

IM LICHTE DES NORDENS

MS NORDLYS – DAS NORDLICHT IM NAMEN

MS NORDLYS
- Indienststellung: 4. April 1994
- Werft: Volkswerft Stralsund
- BRZ: 11 204
- Länge: 121,80 Meter
- Breite: 19,20 Meter
- Passagiere: 691
- Autostellplätze: 45

DIE NORDLYS IST DAS DRITTE und letzte Schiff der ersten Baureihe, die auf der Volkswerft in Stralsund entstand. Dass die drei Schiffe in Deutschland gebaut wurden, hatte mit zwei Faktoren zu tun: Zum einen hatten die beiden verbliebenen Hurtigruten-Reedereien 1990 insgesamt 30 Werften weltweit im Rahmen einer Ausschreibung des neuen Konzepts angeschrieben. Darunter befand sich auch die Meyer Werft in Papenburg, bekannt für den Bau solider, schöner Kreuzfahrtschiffe. Der Plan aus Papenburg erschien den norwegischen Reedern am besten geeignet zu sein, der Auftrag ging jedoch an die Volkswerft Stralsund, die seinerzeit zum Firmenverbund Bremer Vulkan gehörte. Für die Umstrukturierung der Werften in der einstigen DDR standen Fördermittel zur Verfügung, sodass das Angebot aus Stralsund das günstigste war.

So wurden die *Richard With*, die *Kong Harald* und die *Nordlys* in Mecklenburg-Vorpommern gebaut. Als drittes Schiff der neuen Baureihe erregte die *Nordlys* nicht mehr ganz so viel Aufsehen wie ihre beiden Schwesterschiffe. Aber im Unterschied zu den beiden Vorgängern wurde die *Nordlys* pünktlich fertig. Zwischen der Taufe am 22. März 1994 in Oslo durch die Parlamentspräsidentin und der ersten Abfahrt

in Bergen am 4. April 1994 blieb nun endlich Zeit für eine Präsentationstour, auf die bei den ersten beiden Schiffen aus Zeitgründen noch verzichtet werden musste. Schlimmer noch: Bereits geplante Veranstaltungen mussten wegen der Verspätung abgesagt werden, geladene Gäste wieder ausgeladen werden. Diese Scharte durfte die *Nordlys* nun auswetzen. Die Neugierde auf das neue Hurtigrutenschiff war noch immer groß: In Hamburg sollen rund 30000 Menschen das Schiff besucht haben, in Bergen waren es 20000 Besucher.

Das komplette Design der Ausstattung oblag dem renommierten norwegischen Architekturbüro Falkum Hansen aus Oslo, wo zahlreiche Fährschiffe gestaltet wurden. Zu ihren bekanntesten Aufträgen gehörten sicherlich die *Kronprins Harald* für Jahre Line 1987 auf der Strecke Kiel – Oslo sowie die Nachfolger *Color Fantasy* und *Color Magic* für Color Line auf derselben Route. Für Hurtigruten schufen sie das Interieur für insgesamt fünf Schiffe, beginnend mit der Baureihe aus *Kong Harald*, *Richard With* und *Nordlys* (1993/94), gefolgt von der *Polarlys* (1996) sowie für die *Trollfjord* und die *Midnatsol* (2002/03). Die klare Handschrift von Falkum Hansen ist auf allen Schiffen gut zu erkennen.

Die »Nordlys« ist das dritte Schiff, das die Volkswerft in Stralsund für Hurtigruten gebaut hat. Weil die ersten beiden Schiffe verspätet geliefert wurden, machte die »Nordlys« stellvertretend für den neuen Schiffstyp eine ausführliche Präsentationsreise, bevor sie in den Liniendienst ging.

Die *Nordlys* löste 1994 die *Nordstjernen* aus dem Jahr 1956 ab, die eigentlich in die wohlverdiente Pension geschickt werden sollte, jedoch seitdem regelmäßig zurück in den Liniendienst kam, während die *Nordlys* seit 2008 den einen oder anderen Winter aufgelegt wurde, um Kosten zu sparen. 2009 musste man sie im Januar aus dem Winterschlaf holen, weil die *Kong Harald* eine Grundberührung hatte und in die Werft musste. Im Winter 2009/10 kam sie zum Einsatz, nachdem die *Finnmarken* kurzfristig verchartert worden war.

Der Name der *Nordlys* ist leider mit dem größten Unglück in den vergangenen 60 Jahren auf Hurtigruten verbunden. Wahrscheinlich durch eine gebrochene Dieselleitung entzündete sich am 15. September 2011 kurz vor dem Anlauf des Hafens Ålesund Brennstoff, was zu einem starken Motorbrand und einer Explosion führte. Das Schiff zog Wasser und drohte zu kentern, obwohl es noch am Kai von Ålesund hatte festmachen können. In einer spektakulären Rettungsaktion konnten der Brand gelöscht und das Schiff stabilisiert werden. Passagiere kamen nicht zu Schaden, aber zwei Maschinisten kamen bei dem Brand ums Leben. Dies war der schwerste Zwischenfall auf Hurtigruten seit dem Untergang der *Sanct Svithun* am 21. Oktober 1962, der durch einen Navigationsfehler verur-

sacht wurde. Wie bei allen Schiffsunfällen gab es eine Untersuchung der staatlichen Havariekommission. Sie kam zu dem Schluss, dass sich mit hoher Wahrscheinlichkeit der Haltebolzen einer Kraftstoffpumpe gelockert hatte, was zum Bruch der Leitung führte. Der Treibstoff entzündete sich wahrscheinlich an einem heißen Messgerät, das den Zylinderdruck überwachen soll. Bei diesem Messgerät fehlte offenbar die Isolierung. Wie fast immer bei solchen Unglücken summieren sich mehrere kleine Fehler zu einem großen. Immerhin, das Schiff war kein Totalverlust, es konnte nach einem provisorischen Abdichten der Leckagen in die Werft geschleppt werden. Am 20. März 2012 war die *Nordlys* wieder im Liniendienst, nachdem die Schäden auf Fiskerstrands Verft in Sula gründlich repariert worden waren. Aufgrund des Berichts der Havariekommission hat Hurtigruten zudem auf allen Schiffen die ohnehin gründlichen Sicherheitsroutinen noch einmal verschärft. Betrachtet man die jährliche Laufleistung aller Hurtigrutenschiffe, gehören sie ohnehin seit Jahrzehnten zu den sichersten Verkehrsmitteln überhaupt.

Bunte, kräftige Farben sind das Kennzeichen des Designbüros Falkum Hansen, das insgesamt sechs Schiffe der Hurtigruten innenarchitektonisch gestalten durfte. Im Vergleich zur vorhergehenden Generation, von der die »Lofoten« noch im Dienst ist, war das Interieur geradezu revolutionär.

8. TAG

AM RANDE DES POLARMEERS

VON MEHAMN BIS TROMSØ

Ein Reisetag mit vielen Höhepunkten: Nach den nächtlichen Anläufen von Mehamn und Kjøllefjord wird am frühen Morgen Honningsvåg erreicht. Wer auf dem Hinweg noch nicht am Nordkap war, hat nun eine zweite Chance auf einen Besuch, inklusive Frühstück am nördlichsten Punkt Europas. Auf diesem Ausflug wird das Schiff erst wieder mittags in Hammerfest erreicht. Kurz vor Mitternacht macht Hurtigruten dann bereits in Tromsø fest, dieser faszinierenden Metropole im Norden Norwegens.

Von Eisbären und Erdgas

Seite 164/165: Eine dichte Wolkendecke liegt über Hammerfest. Im Hintergrund ist die Flüssiggasanlage auf der Insel Melkøya zu erkennen.

Hammerfest erhielt seine Stadtrechte zusammen mit Vardø bereits 1789, also früher als Tromsø. Bis 1996 war Hammerfest die nördlichste Stadt Norwegens, dann erhielt Honningsvåg Stadtrechte – völlig willkürlich, wie man bis heute in Hammerfest meint. Honningsvåg sei nach geltendem norwegischem Kommunalrecht zu klein, um sich Stadt zu nennen!

Mit dem Titel »nördlichste Stadt« hatte man in den Jahrzehnten zuvor in Hammerfest gutes Geld verdient. Er war das wichtigste Werbeargument für die eigentlich unscheinbare Siedlung. Ein genialer Schachzug war die Gründung der Royal and Ancient Polar Bear Society, oder kurz Eisbärenclub, im Jahre 1963. Mitglied wird, wer sich die Ausstellung anschaut und den Eintritt bezahlt. Eine Anstecknadel, eine Urkunde und schon ist man Mitglied des Hammerfester Eisbärenclubs. 230000 Mitglieder weltweit kann die Polar Bear Society vorweisen. Wie viele der Mitglieder wohl schon einen lebenden Eisbären gesehen haben?

Hammerfest hat seinen Charakter in den vergangenen 50 Jahren stark verändert. Nach dem Zweiten Weltkrieg war die Fischindustrie der bedeutendste Wirtschaftszweig in Hammerfest. Im Jahr 1952 baute man eine Fabrik für Fischfilets. Hier engagierten sich Weltunternehmen wie Nestlé (1962 bis 2000) und die schwedische Wallenberg-Gruppe. Heute steht eine der modernsten Fischverarbeitungsfabriken im Ortsteil Rypefjord.

Hammerfest war lange die nördlichste Stadt Norwegens. Mit diesem Attribut ließen sich trefflich Touristen anlocken, die dann im Eisbärenclub Mitglied wurden und den Ruf Hammerfests in die Welt hinaus trugen.

Das Hurtigruten-Schiff liegt mitten im Ort, und die 90 Minuten Liegezeit genügen für einen Spaziergang zum Eisbärenclub oder einen Busausflug auf die umliegenden Anhöhen. Dessen erstes Ziel ist die sogenannte Meridiansäule, die erhöht bei der ehemaligen Schanze, einer kleinen Verteidigungsanlage, im Ortsteil Fuglenes, steht. Sie wurde 1854 als Denkmal für die bahnbrechenden Arbeiten des deutschen Astronomen Friedrich Georg Wilhelm von Struve (1793–1864) errichtet. Von Struve war in Dorpat, dem heutigen Tartu, außerordentlicher Professor für Astronomie und im Jahr 1845 wesentlich an der Gründung der Russischen Geographischen Gesellschaft in St. Petersburg beteiligt. Unterstützt vom schwedischen König Oscar I. und Zar Alexander I. von Russland hatte er eine geodätische Vermessung zwischen Hammerfest und dem Schwarzen Meer veranlasst.

Die Passagiere, die nicht zum Kulturzentrum nahe dem Anleger der Hurtigruten pilgern möchten, genießen gerne bei einer Tasse Kaffee direkt am Hafen die Sonne.

Anschließend geht es hinauf zum Aussichtspunkt Varden auf dem Berg Salen. Die Straße heißt bezeichnenderweise Turistveien. Von hier hat man einen guten Blick auf Hammerfest, das wie ein Straßendorf um die Bucht herum gewachsen ist. Draußen auf der Insel Melkøya ist die Erdgasfabrik von Statoil nicht zu übersehen. In der Barentssee wird das Gas im Feld Snøhvit unterseeisch gefördert und über 160 Kilometer Rohrleitung nach Melkøya gebracht. Im Unterschied zur Ölförderung wurden über Snøhvit keine Bohrinseln installiert. Die Verarbeitung zu LNG, also Flüssiggas, erfolgt dann auf Melkøya vor den Toren von Hammerfest. Seit 2007 wird das Gas gefördert und auf Melkøya verarbeitet.

Der Ausbau von Melkøya war in Norwegen heftig umstritten. Als dem Antrag im Parlament im Jahr 2002 stattgegeben wurde, bekam die Universität Tromsø den Auftrag, archäologische Untersuchungen durchzuführen. Die Forscher fanden Spuren einer 11 000 Jahre alten Besiedlung aus der frühen Steinzeit.

Sehr interessant ist auch das Museum für den Wiederaufbau von Finnmark und Nord-Troms, das die Geschichte der deutschen Besatzung, die Politik der verbrannten Erde auf dem Rückzug der deutschen Truppen sowie des Wiederaufbaus der Städte und Dörfer in der Nachkriegszeit anschaulich schildert. Auch Hammerfest gehört zu den Orten, die auf dem Rückzug von der Deutschen Wehrmacht komplett niedergebrannt wurden.

Der aufstrebende Tourismus in der zweiten Hälfte des 20. Jahrhunderts hat heute für Hammerfest nicht mehr dieselbe Bedeutung wie noch vor 20 Jahren. Es gibt schlicht zu wenig Platz für Übernachtungsgäste. Die massiven Investitionen in den Ausbau des Gasfelds Snøhvit und die Verarbeitungsanlagen, die für das Gas in Hammerfest entstanden, haben aus der Stadt einen modernen Industriestandort gemacht.

Der Eisbär ist allgegenwärtig in Hammerfest, obwohl keine Eisbären auf dem norwegischen Festland leben. Der Eisbärclub (Isbjørnklubben) betreibt eine Ausstellung über die Geschichte der Stadt, des Eismeers und des Walfangs. Neben ausgestopften Tieren wie Eisbären und Robben kann auch Jagd- und Reiseausrüstung aus der Frühgeschichte der Region besichtigt werden. Wer lieber »echte« Kunst sehen möchte, ist im Kulturhuset gut aufgehoben (unten).

Die Straße entlang des Porsangerfjords hat nicht überall einen Mittelstreifen. Neben Bussen und Wohnmobilen sind hier auch Radfahrer und jede Menge Rentiere unterwegs.

Ursprünglich waren die aufgeschichteten Steinhaufen als Wegmarkierungen gedacht. Aber seitdem Touristen, wo immer sie können, Steinhaufen errichten, haben die ursprünglichen Gebilde ihre Funktion verloren und sind nur noch hübsch anzusehen.

IM LETZTEN ABENDLICHT – LANDSCHAFT IM LOPPHAVET

Dieses »klassische« Landschaftsfoto (rechts) entstand bei untergehender Sonne zwischen Øksfjord und Skjervøy auf der südgehenden Route im Lopphavet, einer kurzen offenen Seestrecke hin zur Mündung des Kvænangen Fjords. Ein großes Glück waren die Wolken, die zur Stimmung dieses Bildes beitrugen. Lücken in den Wolkenfeldern beschienen einzelne Felsen. Von Backbord aus sieht man die 400 bis 1000 m hohen Berge. Es ist wichtig, dass man die Kamera während solcher Aufnahmen gegen das fahrende Schiff mitzieht und einen Punkt in der Landschaft fixiert. Am besten konzentriert man sich auf einen (bestimmten) Autofokuspunkt im Sucher und zieht die Kamera so mit, dass der Fixpunkt immer exakt an derselben Stelle bleibt, um Bewegungsunschärfe in der Landschaft zu vermeiden.

Zwischen Øksfjord und Skjervøy wird die Bucht Lopphavet, benannt nach der Insel Loppa, gekreuzt. Der weitere Weg des Hurtigruten-Schiffs von Skjervøy nach Tromsø verläuft wieder hinter Inseln.

SKJERVOY

Mitternacht in der Eismeerkathedrale

WENN DAS SCHIFF ZUR Mittagszeit Hammerfest verlassen hat, stehen noch kurze Stopps in Øksfjord und Skjervøy auf dem Fahrplan, bevor kurz vor Mitternacht Tromsø erreicht wird. Normalerweise ist das nicht die Uhrzeit, zu der noch Landausflüge angeboten werden. Nicht so in Tromsø: Das Mitternachtskonzert in der Eismeerkathedrale blickt auf eine lange Tradition zurück. Es wird ganzjährig angeboten, ausgenommen sind nur drei Wochen im April und der Oktober.

Die Eismeerkathedrale oder Tromsdalens Kirke, wie sie offiziell heißt, wurde 1965 geweiht und fällt durch ihre ungewöhnliche Form auf. Der Architekt Jan Inge Hovik ließ sich von Klippen inspirieren, wohl auch von den Gestellen, auf denen der Stockfisch trocknet. Durch die Staffelung der Seitenwände, die aus schräg gestellten Betonplatten bestehen, fällt das Licht sehr schön in das Gebäude ein. Die Rückwand der Kirche, gen Osten, bildet ein haushohes Glasmosaik.

Die Eismeerkathedrale ist zu einem Wahrzeichen von Tromsø geworden. Die Mitternachtskonzerte mit norwegischen Volksliedern, klassischen Stücken und Kirchenliedern sind aus dem Hurtigruten-Fahrplan nicht mehr wegzudenken. Um 1.30 Uhr legt das Hurtigrutenschiff dann wieder ab, nächster Stopp ist Finnsnes um 4.45 Uhr. Aber dann schlafen alle Passagiere friedlich.

Die nächtliche Eismeerkathedrale ist Schauplatz von Konzerten speziell für die Gäste von Hurtigruten.

Seite 176/177: Die »Kong Harald« war 1993 das erste Schiff der neuen Bauart. Damit wurde zum ersten Mal in der Geschichte von Hurtigruten bewusst auf Tourismus gesetzt, denn die Passagierzahlen im innernorwegischen Verkehr waren rückläufig.

KONG HARALD

IM NAMEN DES GRÜNDERS

MS RICHARD WITH – HOMMAGE AN DIE GESCHICHTE VON HURTIGRUTEN

DIE RICHARD WITH WAR DAS zweite Schiff, das in Stralsund entstand, ist also ein Schwesterschiff der *Kong Harald* und der *Nordlys*. Die drei Schiffe sind sich so ähnlich, dass man sie nur an der unterschiedlichen Farbgebung des Interieurs unterscheiden kann. Die *Richard With* wurde im Mai 1991 von OVDS in Narvik in Auftrag gegeben. Zu diesem Zeitpunkt wurde Hurtigruten nur noch von den beiden Reedereien Troms Fylkes Dampskibsselskap (TFDS) in Tromsø und OVDS in Narvik betrieben. OVDS bedeutet Ofoten og Vesteraalens Dampskibsselskap, die Reederei war entstanden aus dem Zusammenschluss von Ofotens Dampskibsselskap mit Sitz in Narvik und Vesteraalens Dampskibsselskap aus Stokmarknes. Letztere ist die kleine Reederei, die einst von Kapitän Richard With zusammen mit Geschäftsleuten der Inselgruppe gegründet worden war. OVDS versteht sich bis heute als Erbe des Gründers, ist man doch zumindest teilweise die älteste an Hurtigruten beteiligte Reederei. Von daher war es nur folgerichtig, ein Schiff nach dem berühmten Gründer

MS RICHARD WITH

- Indienststellung: 20. Dezember 1993
- Werft: Volkswerft Stralsund
- BRZ: 11 205
- Länge: 121,80 Meter
- Breite: 19,20 Meter
- Passagiere: 691
- Autostellplätze: 45

zu benennen. Bereits von 1909 bis 1941 – also noch zu Lebzeiten Withs – war ein Schiff dieses Namens auf Hurtigruten im Einsatz.

1993 feierte Hurtigruten den hundertsten Geburtstag. Ursprünglich war es so gedacht, dass sowohl die *Kong Harald* als auch die *Richard With* zu den Feierlichkeiten Anfang Juli in Trondheim ankommen sollten. Doch die Arbeiten auf der Volkswerft in Stralsund verzögerten sich. So bündelte die Werft alle Kräfte, um wenigstens die *Kong Harald* rechtzeitig zum Jubiläum abliefern zu können. Die Verspätung der *Richard With* wurde dadurch allerdings größer. Erst im Dezember 1993 wurde sie in Harstad getauft. Von Harstad aus nahm sie auch ihren Liniendienst auf. In Norwegen, wo regionale Befindlichkeiten eine sehr große Rolle spielen, war dies ein wichtiges Signal: Nicht in Bergen, nicht in Trondheim, sondern in der nordnorwegischen Provinz fand der Wachwechsel zwischen der *Richard With* und der *Finnmarken* aus dem Jahr 1956 statt. Die bei Blohm & Voss in Hamburg gebaute *Finnmarken* liegt in Stokmarknes an Land und dient als Museumsschiff.

In der ersten Baureihe dieser drei Schwesterschiffe lässt sich der Grundgedanke gut erkennen. Als Fußpassagier gelangt man über die hydraulisch getätigte Gangway direkt ins Foyer,

Sten Magne Engen ist nicht nur Kapitän der »Richard With«, sondern in seiner Freizeit auch Vorsitzender der Stiftung, die das Hurtigruten-Museum in Stokmarknes betreibt. Hurtigruten ist eben mehr als nur eine Schifffahrtslinie – es ist ein Stück norwegische Küstenkultur.

in dem sich die Rezeption rechts befindet. In einer kleinen Sitzecke können zu- und aussteigende Gäste warten. Gegenüber der Gangway liegt der geräumige Gepäckraum mit Regalen für Koffer und Taschen. Gedacht ist er für die Passagiere, die Hurtigruten als Verkehrsmittel entlang der Küste nutzen. Diese praxisorientierte Anordnung ist im Vergleich zu den klassischen Schiffen der Fünfziger- und Sechzigerjahre ein echter Fortschritt.

Die Einrichtung durch das Architekturbüro Falkum Hansen in Oslo erinnert in vielen Details an das Fährschiff *Kronprins Harald*, das von 1987 bis 2007 auf der Route zwischen Kiel und Oslo zum Einsatz kam. Die runden Tische an den Fenstern in der Arkade, zu denen jeweils zwei fest montierte, drehbare Ledersessel gehören, wirken wie eine jüngere Kopie. Auch die harmonische Farbgebung in kräftigen, klaren Farben ist typisch für die Entwürfe von Falkum Hansen Design. Ziel der Auftraggeber war es, den neuen Hurtigrutenschiffen ein internationales Flair zu geben. So sollte die verspiegelte Decke der Arkade zusammen mit den geradezu barocken Leuchten Kreuzfahrt-Atmosphäre erzeugen.

Die Bezüge zu Norwegen sollte einmal mehr die Künstlerfamilie Harr herstellen. Karl Erik Harr schuf das Bild von der »Schlacht im Trollfjord«, das im Treppenhaus mittschiffs zu sehen ist. Außerdem zeichnete er Motive aus Knut Hamsuns Romanen. Seine Schwester Eva Harr steuerte Zeichnungen der nordnorwegischen Natur durch die verschiedenen Jahreszeiten bei, die unter anderem im Restaurant zu sehen sind. Jan Harr, ein Bruder von Karl Erik Harr, schuf Blumenmotive für die Bar.

Die *Richard With* steht für eine Premiere, die heute aus dem Programm von Hurtigruten nicht mehr wegzudenken ist. Sie war das erste Schiff,

das im Sommer 1997 von Ålesund auf der nordgehenden Route in den Geirangerfjord fuhr. In der ersten Saison wurde dieser Abstecher nur testweise durchgeführt. Der Erfolg bei den Urlaubern an Bord war so groß, dass längst alle Schiffe zwischen April und Oktober auf dem Weg nach Norden von Ålesund durch den Storfjord zu seinem kurzen, aber spektakulären Arm, dem Geirangerfjord, fahren. Der Landausflug in Geiranger gehört zusammen mit dem Nordkap zu den populärsten Landgängen der Reederei. Puristen mögen bemängeln, dass der Geist der Hurtigruten – nämlich der schnelle Fracht- und Personentransport zwischen West- und Nordnorwegen – durch diesen Abstecher verloren geht. Aber die Touristen an Bord ermöglichen Hurtigruten das Überleben. Und insofern ist dieser Abstecher nicht nur für Urlauber ein Highlight, sondern wirtschaftlich betrachtet auch im Sinne des Gründers Richard With.

Von der Schlacht am kalten Buffet zur »Schlacht im Trollfjord«, wie das Gemälde des nordnorwegischen Künstlers Karl Erik Harr im Treppenhaus der »Richard With« heißt.

9. TAG

DIE HEIMAT VON HURTIGRUTEN

VON TROMSØ ÜBER DIE VESTERÅLEN NACH STAMSUND

Der vielleicht schönste Tag der südgehenden Route wartet. Von Harstad aus wird die Inselgruppe der Vesterålen besucht, wo die Idee zu Hurtigruten geboren wurde. Drei Häfen läuft das Schiff auf den Vesterålen an, darunter Stokmarknes, wo sich das Hurtigruten-Museum befindet. Die Passage durch den Raftsund lockt alle Gäste an Deck. Und wenn dann noch der Abstecher in den kleinen, engen Trollfjord folgt, ist die Reise perfekt. Der Tag endet mit dem Anlegen in Svolvær und danach in Stamsund auf den Lofoten.

Wo Hurtigruten gegründet wurde

Seite 182/183: Gestelle für Trockenfisch, auf denen der Dorsch paarweise aufgehängt wird, finden sich überall auf den Lofoten.

Harstad zum Frühstück

Hinnøya ist mit über 2200 Quadratkilometern Fläche die größte Insel Norwegens. An einer der beiden nördlichen Landzungen liegt Harstad, geschützt von einer Bucht. Harstad bildet in vielerlei Hinsicht eine Ausnahme: Die fast 20000 Einwohner zählende Kleinstadt lebt – im Vergleich zu anderen Orten Nordnorwegens – kaum vom Fischfang oder der Fischverarbeitung. Die öffentliche Verwaltung, Schulen, das Krankenhaus und nicht zuletzt die Werft sorgen in Harstad für Arbeitsplätze.

Die *Vesterålen* von 1983 wurde als einziges Schiff der aktuellen Hurtigruten-Flotte in Nordnorwegen gebaut, nämlich bei Kaarbø Mekaniske Verksted in Harstad. Benannt ist die Werft nach ihrem Gründer, Rikard Kaarbø (1850–1901). Die Werft gründete er bereits 1895, außerdem war er maßgeblich daran beteiligt, dass Harstad eine eigene Druckerei und eine eigene Zeitung bekam. Als *Harstads Tidende* besteht die Zeitung bis heute. Kaarbø nahm durch seine unternehmerischen Aktivitäten so stark Einfluss auf die Entwicklung Harstads, dass er heute gelegentlich sogar als ihr Gründer bezeichnet wird.

Eine der großen Kulturpersönlichkeiten Harstads ist Karl Erik Harr (geb. 1940). Der Maler, Zeichner und Illustrator hat mit seinen Werken das Interieur mehrerer Hurtigrutenschiffe künstlerisch gestaltet. Auf der *Nordkapp* war er allein für die Kunstwerke zuständig, auf der *Richard With* hängen seine Werke neben denen seiner ebenfalls künstlerisch tätigen Geschwister Jan und Eva Harr.

Harstad ist etwas für Frühaufsteher: Auf der südgehenden Route liegt das Schiff hier ab acht Uhr für eine halbe Stunde. Hier treffen sich immer zwei Hurtigruten-Schiffe: Wenn das südgehende Schiff einläuft, legt das nordgehende gerade ab.

Nach Rikard Kaarbø (1850 bis 1901) ist in Harstad nicht nur eine Straße benannt, auf der von ihm gegründeten Werft hat man auch die »Vesterålen« gebaut, das einzige noch fahrende Schiff von Hurtigruten, das in Nordnorwegen gebaut wurde.

Das Hurtigruten-Museum ist ein Teil des 1999 eingeweihten Hurtigruten Hus, in dem sich auch Hotelzimmer befinden. Die »Finnmarken« von 1956, ein Schwesterschiff der »Nordstjernen«, liegt als Teil des Museums an Land. Über alles wacht die Büste des Gründers Richard With.

Geschichtsträchtiges Risøyhamn

Kapitän Richard With, der Gründer von Hurtigruten, stammte aus Risøyhamn, einem kleinen Ort auf der zu den Vesterålen zählenden Insel Andøya. Auf dieser Inselgruppe entstand die Idee, eine schnelle Verbindung in den Süden zu schaffen, um den frischen Fisch schneller liefern zu können und für Passagiere die Reisezeit zu verkürzen. Schließlich liegt die Inselgruppe sehr exponiert im Nordmeer nahe an den besten Fischgründen.

Von Andenes, wo heute Walsafaris angeboten werden, liefen die Fischkutter ebenso aus wie von Nyksund an der Nordspitze der benachbarten Insel Langøya. Nyksund war einst eines der größten Fischerdörfer Nordnorwegens, heute ist es fast ein Geisterdorf mit nur wenigen Einwohnern, die ganzjährig hier leben. Von Harstad fährt das Schiff durch den Risøysund. With sorgte als Abgeordneter im norwegischen Storting, dem Parlament in Oslo, dafür, dass das Fahrwasser vor seiner Heimatstadt ausgebaggert wurde. Am 23. Juni 1922 war es endlich so weit, die Hurtigrutenschiffe konnten auf dem Weg von Sortland nach Harstad über Risøyhamn fahren. Dies war die letzte große Routenänderung, die Hurtigruten erlebt hat.

Heute sind sowohl Sortland auf Langøya als auch Risøyhamn auf Andøya über große Brücken mit Hinnøya auf dem Weg zum Festland verbunden. Ehemals wichtige Handelsstationen wie Jennestad haben ihre Bedeutung verloren, ihre Aufgaben haben die Hurtigruten-Häfen auf den Inseln übernommen.

Das Museumsschiff in Stokmarknes

Der Geburtsort von Hurtigruten heißt Stokmarknes. Hier wurde 1881 die Reederei Vesteraalens Dampskibsselskab gegründet, deren Schiff unter Kapitän Richard With am 2. Juli 1893 zur ersten Fahrt von Trondheim nach Hammerfest und zurück aufbrach. Kann es einen besseren Ort geben für ein Museum zur Geschichte der Hurtigruten?

Schon von Weitem ist die *Finnmarken* von 1956 zu sehen, ein Schwesterschiff der bei Blohm & Voss in Hamburg erbauten *Nordstjernen*. Sie liegt als Museumsschiff an Land, direkt vor dem »Haus der Hurtigruten«, das neben dem Museum einen Souvenirshop, Verwaltungsräume und ein Hotel beheimatet.

Offiziell wird in Stokmarknes nur ein kurzer Stopp eingelegt, im Fahrplan ist keine Liegezeit ausgewiesen. Aber fast immer machen es die Kapitäne möglich, dass 30 bis 45 Minuten bleiben, um schnell ins Museum an Land gehen zu können. Das Museum gehört nicht der Reederei, es wird von einem Verein mit ehrenamtlichen Mitarbeitern betrieben. Hier findet man historische Bilder, Ausrüstungsgegenstände längst vergangener Schiffe und liebevoll gesammelte Kleinode.

Wenn das Schiff unter der Brücke von Stokmarknes hindurch Kurs auf den Raftsund nimmt, fährt es auf eine imposante Bergwand zu. Sie gehört zur Insel Hinnøya, deren nördliches Ende am Morgen mit Harstad bereits besucht wurde.

Von Harstad aus wird ein Busausflug bis nach Sortland angeboten, bei dem man die Vesterålen kennenlernen kann. Allerdings verpasst man dann die Passage durch die Risøyrinne entlang der Insel Andøya.

Seite 188/189: Die Einfahrt in den Raftsund zwischen den Vesterålen und den Lofoten gehört zu den schönsten Passagen der gesamten Reise. Südgehend erreicht das Schiff den Sund am Nachmittag.

KABEL

Der Raftsund – die schönste Passage

Vom Raftsund wird im Sommer meist ein Abstecher in den kleinen Trollfjord gemacht. Er ist bei den Gästen an Bord so beliebt, weil das Schiff kaum Platz zwischen den Felswänden zu haben scheint, alles wirkt zum Anfassen nah.

ES WIRKT, ALS WÜRDE DAS SCHIFF direkt in die Berge fahren. Zwischen 700 und über 1000 Meter hoch sind die Gipfel, die den Raftsund säumen. Ungefähr 45 Minuten braucht das Schiff von Stokmarknes aus, bis es in den Raftsund einfährt. Mit scharfen Kurswechseln werden kleine Inseln umfahren, dann endlich öffnet sich der Blick auf den engen Sund.

Bis 1998 kam man nur per Schiff zum Raftsund. Seitdem überspannt die Raftsundbrücke als Teil der Europastraße 10 den Meeresarm. An Bord stehen nun alle an Deck, um die schmale Durchfahrt durch die steilen Berge zu genießen. Rund 20 Kilometer lang ist der Sund. Die wenigen Höfe an seinem östlichen Ufer, es gehört noch zur Insel Hinnøya, sind durch eine einspurige Straße miteinander verbunden. Das westliche Ufer, das zu den Lofoten zählt, kann nicht befahren werden.

Im Sommer, wenn viele Urlauber an Bord sind, wird fast immer ein kleiner Abstecher gemacht. Dann fährt das Hurtigrutenschiff in den Trollfjord. Natürlich ist der Trollfjord nicht mit seinen großen Geschwistern in Fjordnorwegen zu vergleichen. Aber der Trollfjord ist in der Einfahrt nur rund 70 Meter breit, das Schiff misst rund 20 Meter. So hat man das Gefühl, man könne fast an den Felsen fassen. Am Fjordende bleibt exakt so viel Platz, dass auch die längsten und neuesten Hurtigrutenschiffe wenden können. Im Bergkessel hallt das Nebelhorn wider, und an Bord wird angestoßen auf diesen kleinen touristischen Ausflug. Im Bordlautsprecher heißt es: »Nächster Hafen ist Svolvær um 18.30 Uhr.«

LOFOTEN UND RAFTSUND

Die spektakuläre Landschaft der Lofoten bekommt man auf der Fahrt durch den engen Raftsund südgehend am 9. Tag vor die Kamera. Auf Back- und Steuerbord sind die schroffen Berglandschaften mit ihren kleinen roten und weißen Häusern perfekte Motive. Mit einem Weitwinkelobjektiv kann man etwa beide Landschaftsseiten in ein Bild integrieren. Bug oder Heck im Vordergrund verdeutlichen die Dimensionen dieser Berge. Aber auch Details (s. S. 191/193) nahe dem Trollfjord sind pittoresk, denn dort fährt das Schiff in relativ geringem Abstand zum Ufer.

RICHARD WITH

Auf den Lofoten dreht sich alles um Fisch, vor allem während der Saisonfischerei zwischen Mitte Dezember und Anfang April, wenn der Dorsch an den Inseln vorbeizieht.

Im Raftsund kann man umsteigen auf ein Ausflugsschiff, um Seeadler zu beobachten. Zuerst versuchen aber die Möwen, den Fisch zu bekommen, der zum Anfüttern der Greifvögel gedacht ist.

Seite 196/197: Die »Richard With« hat im Hafen von Svolvær festgemacht. Im Hintergrund sind bereits die Berge der Insel Hamarøy und des Festlands zu erkennen.

NEUGIERIGE MÖWEN UND PFEILSCHNELLE SEEADLER

Auf der südgehenden Hurtigruten-Reise im engen Raftsund können die Gäste auf der Seeadler-Safari – auf ein kleineres Ausflugsschiff ausgebootet – die majestätischen Vögel und vor allem Möwen beobachten. Die Anfütterung lockt die Möwen sehr nah ans Boot, oft bis auf wenige Zentimeter. Spektakuläre Bilder gewährleistet ein starkes Weitwinkelobjektiv (etwa 19–24 mm). Damit sollte man sich dicht an die Reling lehnen, um nah am Guide und unmittelbar bei der Fütterung dabei zu sein. Die Szene hat schon etwas vom Filmklassiker »Die Vögel« von Alfred Hitchcock. Allerdings kommen diese Möwen nicht in böser Absicht und sind harmlos. Für die schnellen Seeadler ist ein Teleobjektiv von mindestens 200–300 mm unabdingbar. Der Autofokus sollte so eingestellt sein, dass er dem Seeadler ständig folgt. Nur eine kurze Belichtungszeit von etwa 1/1000 Sekunden sichert die Schärfe.

TURBO

HURTIGRUTEN
RICHARD WITH
RD WITH

EIN KÖNIG ALS REVOLUTIONÄR

MS KONG HARALD, DAS ERSTE SCHIFF DER NEUEN GENERATION

NORWEGEN IST STOLZ AUF sein Königshaus: Skandalfrei und volksnah, so gaben sich die drei Könige, die das Land seit 1905 repräsentieren. Haakon VII. (1872–1957) war von 1905–1957 König. Sein Sohn Olav V. (1903–1991), ein großer Liebhaber aller Wintersportarten, verpasste Skispringen und Langlaufrennen am Holmenkollen in Oslo so gut wie nie. Er war von 1957 bis 1991 König, seither regiert sein Sohn König Harald V. (geb. 1937), der in jungen Jahren als Segler für Furore sorgte. Jeder der Könige hatte »sein« Schiff auf Hurtigruten. Die *Haakon VII.* wurde 1907 gebaut, also zwei Jahre nach der Auflösung der Union zwischen Schweden und Norwegen und der damit verbundenen Krönung von Haakon zum König Norwegens. Allerdings war dieses Schiff nicht eigens für Hurtigruten gebaut worden, es war erst von 1923 bis 1929 im Liniendienst unterwegs.

MS KONG HARALD

- Indienststellung: 6. Juli 1993
- Werft: Volkswerft Stralsund
- BRZ: 11 204
- Länge: 121,80 Meter
- Breite: 19,20 Meter
- Passagiere: 691
- Autostellplätze: 45

Anders verhält es sich mit der *Kong Olav*, dem Schwesterschiff der noch fahrenden *Lofoten*. Sie wurde von Stavangerske 1964 in Dienst gestellt und war das erste Hurtigruten-Schiff,

das seit der *Haakon VII.* wieder den Namen eines amtierenden Königs trug.

Nun, zum hundertsten Geburtstag von Hurtigruten im Jahr 1993, war die Zeit reif für ein neues Schiff, das den Namen des Königs tragen sollte. Die Namenswahl für das erste Schiff der neuen Baureihe, für den Beginn einer neuen Ära für Hurtigruten, war kein Zufall. Bekannt gegeben wurde der Name während der Krönungsreise von König Harald und Königin Sonja im Jahre 1992. Das norwegische Parlament hatte 1990 eine Summe von 1875 Millionen Kronen (nach heutigem Wert ca. 248 Mio. Euro) zur Verfügung gestellt, um Hurtigruten von einem staatlich subventionierten Betrieb auf ein kommerzielles Unternehmen umzustellen. Dieses Geld sollte in neue Schiffe investiert werden, um Hurtigruten im Laufe von zehn Jahren unabhängig von Zuschüssen zu machen. Die beiden verbliebenen Reedereien Ofotens og Vesteraalens Dampskibsselskap (OVDS) und Troms Fylkes Dampskibsselskap (TFDS) erteilten gemeinsam den Auftrag für zwei baugleiche Schiffe, die *Kong Harald* und die *Richard With*, an die Volkswerft in Stralsund. Nicht weniger als ein komplett neues Schiffskonzept war gefragt.

Die Erwartungen waren groß, der Aufwand allerdings auch. So kam es, dass sich beide

Gerade noch rechtzeitig kam die »Kong Harald« 1993 zu den Feierlichkeiten des 100. Geburtstags von Hurtigruten in Trondheim an. Sie war das erste Schiff der neuen Generation, an der norwegischen Küste war man sehr stolz auf die »Kong Harald«.

Schiffe verspäteten. Nur mit Mühe erreichte zumindest die *Kong Harald* mit zwei Monaten Verzug noch die Feierlichkeiten zum hundertsten Geburtstag in Trondheim, der am 2. Juli 1993 begangen wurde. Anschließend blieben nur wenige Tage Zeit für eine Präsentation des Schiffes zwischen Trondheim und Bergen, denn bereits am 6. Juli startete die *Kong Harald* zu ihrer ersten Rundreise ab Bergen. Sie löste die *Polarlys* aus dem Jahr 1952 ab.

Betrachtet man die vorhergehenden Schiffsgenerationen, die in Form der *Lofoten* von 1964 und der *Vesterålen* von 1983 noch mit je einem Schiff in der Flotte vertreten sind, wird schnell klar, dass es sich mit allen neuen Schiffen, beginnend mit der *Kong Harald*, um eine ganz andere Schiffsklasse handelt. Während die Schiffe aus den Fünfziger- und Sechzigerjahren die Fracht noch per Ladebaum oder Kran durch Luken in den Frachtraum verladen mussten, wurde bei der *Kong Harald* der Autolift der *Vesterålen* übernommen, allerdings mit deutlich mehr Platz an Bord für die Fracht. Ein Frachtdeck, das per Gabelstapler befahren werden kann, erleichtert und beschleunigt das Be- und Entladen. Einen Paradigmenwechsel gab es vor allem in den öffentlichen Räumen: Kein Hurtigrutenschiff hatte jemals solch einen großzügigen Panoramasalon gehabt, der bei jedem Wetter den Blick auf die Küste in drei Himmelsrichtungen erlaubt. Nie zuvor bot ein Hurtigrutenschiff so vielen Passagieren Platz: Die Bettenzahl stieg von rund 200 auf etwa 490.

Diese neue Schiffsgeneration, von der in den vier Jahren von 1993 bis 1997 insgesamt sechs Schiffe in Dienst gestellt wurden, bedeutete für Hurtigruten auch ein neues Geschäftsmodell. Während die Auslandsbüros zuvor den Mangel verwalten mussten – es gab im Hochsommer regelmäßig mehr Interessenten für eine Reise mit Hurtigruten als Plätze an Bord – war nun eine aktive Vermarktung der gestiegenen Kapazitäten nötig. Die touristische Seite der Hurtigruten wurde stetig weiterentwickelt. Die Zahl der Landausflüge wurde erhöht und orientiert sich inzwischen hinsichtlich Menge (und Preis) an der Kreuzfahrtindustrie. Sogar die Route wurde geändert, als man 1997 erstmals den Geirangerfjord ansteuerte. Und auch der kleine Abstecher in den Trollfjord auf den Lofoten ist den neuen Zeiten geschuldet.

Heute ist die *Kong Harald* das älteste Schiff der neuen Generation, wird überstrahlt von jüngeren, noch komfortableren Schiffen wie der *Finnmarken*, der *Trollfjord* und der *Midnatsol*. Ihren Platz in der Geschichte der Hurtigruten hat sie als Erstes der neuen Schiffe aber sicher. Und wer an Bord genau schaut, findet in Polstern, Gardinen und an vielen anderen Stellen die königlichen Kronen und Lilien wieder.

In Norwegen hat er Generationen von sich schüttelnden Kindern überlebt: Lebertran statt Sanostol heißt es an Bord von Hurtigruten. Gegen eine Erkältung hilft auch eine Wolldecke an Deck.

10. TAG

ENTLANG DER NORDLANDKÜSTE

VON BODØ BIS NACH RØRVIK

Heute zieht das Panorama der schönen Küste der Region Nordland wie ein Film an den Passagieren vorbei. Die Lofoten wurden am Vorabend verlassen, in Bodø liegt das Schiff mitten in der Nacht für zwei Stunden im Hafen. Städte und Orte, deren Häfen nordgehend nachts angelaufen wurden, können nun bei Tageslicht betrachtet werden, darunter Nesna und Brønnøysund. Die Bergkette der Sieben Schwestern bei Sandnessjøen ist besonders eindrucksvoll. Am Abend läuft das Schiff in Rørvik ein.

Die Inseln der Helgelandsküste

Seite 202/203: Zu den schönsten Erlebnissen einer winterlichen Reise gehört es, wenn am Himmel das Polarlicht zu sehen ist.

Nesna, der Hafen für die Grubenstadt

Die Küste von Helgeland ist einer der inselreichsten Abschnitte der Reise. Helgeland ist ein alter Begriff für die Landschaft, die das Gebiet nördlich von Trøndelag bis etwa zur Höhe des Gletschers Svartisen umfasst. Wenn das Schiff sich am Vormittag von Ørnes auf den Weg nach Nesna macht, wird der Polarkreis erneut überquert, dieses Mal in Richtung Süden. Zahlreiche beeindruckende Inseln werden passiert. Lovund ist eine von ihnen: Knapp fünf Quadratkilometer groß, aber 625 Meter hoch ragt sie aus dem Meer empor. An klaren Sommertagen bildet sich über dem Berg oft eine einzelne Wolke, die dann wie eine weiße Mütze auf dem Fjell liegt. Immerhin 391 Menschen leben ganzjährig auf Lovund.

Nesna liegt sehr nah an Sandnessjøen. Dass beide Häfen angelaufen werden, hat Nesna dem Straßenanschluss über das Sjonfjell nach Mo i Rana zu verdanken. In Mo i Rana wird Erz abgebaut, früher reisten viele Arbeiter mit den Schiffen der Hurtigruten.

Nesna ist ein wichtiger Knotenpunkt für all diese kleinen Inselgemeinden und das Festland. Im Binnenland, am Ende des Ranfjords, liegt mit Mo i Rana ein wichtiger Industriestandort. Bis 1988 wurde hier Erz gewonnen und verarbeitet. Der Grubenbetrieb wurde eingestellt, aber es gibt

AURORA BOREALIS – HUNTING THE LIGHT

Nordlichter (s. S. 202/203) sind eine fotografische Herausforderung – und natürlich ein wenig Glücksache. Manche fahren winters in den Norden, um speziell dieses Lichterspektakel zu beobachten. Voraussetzung sind dunkle Nächte zwischen Oktober und März, ein wolkenloser Himmel und das Spiel zwischen den elektrischen Strahlen der Sonne und dem Magnetfeld selbst. Erst wenn diese Komponenten zusammentreffen, kann man sich auf die Technik konzentrieren. Der Blitz muss ausgeschaltet sein, ein Stativ ist unbedingt erforderlich, die ASA-Zahl steht am besten auf 800–1000. Ein leichtes Bildrauschen muss man meist in Kauf nehmen, da die Belichtungszeit möglichst nicht länger als 5 Sekunden sein sollte, weil sich das Polarlicht ständig in Bewegung befindet. Blende 4–5.6 reicht aus, da wegen der großen Entfernung keine Schärfentiefe nötig ist.

An der Helgelandsküste gibt es Hunderte von bewohnten und noch viel mehr unbewohnte Inseln, die über die Häfen Nesna, Sandnessjøen und Brønnøysund auch Anschluss an die Reichsstraße Nummer 1, an Hurtigruten, haben.

Um die Entstehung der Bergkette Sieben Schwestern bei Sandnessjøen ranken sich verschiedene Sagen. Sie sind fest verbunden mit dem Berg Torghatten, dessen charakteristisches Loch schon von Weitem zu sehen ist.

Deutlich jünger und weniger sagenumwoben ist die Hegelandsbrücke, die sich elegant über den Leirfjord bei Sandnessjøen spannt.

mehrere Walzwerke und Stahl verarbeitende Industrie. Frachtschiffe fahren bis nach Mo i Rana, das an der Europastraße 6 und an der Nordlandsbahn liegt, aber für Hurtigruten lohnt sich dieser Umweg in den Fjord nicht. So dient die Kleinstadt Nesna als Hurtigruten-Hafen.

Sandnessjøen und Brønnøysund

Sandnessjøen ist nur 15 Seemeilen, also etwa 28 Kilometer, von Nesna entfernt. Dies ist die kürzeste Entfernung zwischen zwei Hurtigruten-Häfen. Nur auf den Vesterålen zwischen Sortland und Stokmarknes sowie zwischen Torvik und Ålesund gibt es vergleichbar kurze Etappen. Im Hafen liegen Hochseeschlepper, die zur Versorgung der Ölbohrinseln draußen im Nordatlantik dienen.

Zwischen Sandnessjøen und dem offenen Meer liegt die Insel Dønna, deren höchster Gipfel 858 Meter in die Höhe ragt. Um Dønna herum verteilen sich viele kleine, unbewohnte Inseln und Schären. Wer sich ein wenig mit Seefahrt auskennt, weiß die Navigationsleistung der Hurtigruten-Pioniere in diesem Gewirr aus Inseln zu würdigen. Schaut man nach Backbord, sieht man die Sieben Schwestern, eine Bergkette mit sieben fast gleichmäßigen, leicht gerundeten Gipfeln. Die kleinste der Schwestern ist 910 Meter hoch, die größte misst 1072 Meter. Im Vergleich zu

den Alpen mögen diese Zahlen klein erscheinen. Aber die Baumgrenze liegt in Norwegen bereits bei rund 800 Höhenmetern, darüber ist das Fjell kahl und wirkt alpin. Außerdem steigen diese Berge direkt aus dem Meer auf, was sie ungleich imposanter erscheinen lässt.

Auch Brønnøysund ist für einen Berg berühmt: Der Torghatten hat ein Loch, das auf der südgehenden Fahrt gut zu erkennen ist. Es befindet sich etwa in der Mitte des Berges, ist rund 35 Meter hoch und 20 Meter breit. Man kann vom Fuße des Berges aus zu dem Loch wandern und hindurchklettern. Entstanden ist das Loch im Torghatten durch Wasser und Frost in losem Gestein. Aber die Sagen klingen natürlich spannender als die wissenschaftliche Erklärung: Der Riese Hestmannen wollte eine der acht Töchter des Königs entführen. Sieben Schwestern flüchteten sich nach einer wilden Jagd erschöpft auf die Insel Alsten, wo sie heute noch stehen. Als Hestmannen die achte und älteste Tochter nicht fangen konnte, schoss er ihr einen Pfeil hinterher. Ein Troll warf seinen Hut dazwischen – so entstand der Berg Torghatten. Die älteste Tochter der Königs versteinerte auf der Insel Leka ebenso wie ihre Schwestern bei Sandnessjøen. Wenn Seenebel aufzieht, erwachen die Gestalten manchmal wieder zum Leben … Man muss nur genau hinschauen!

Künstlerisches Sandnessjøen: Der Maler Elling Andersen hat sein Atelier im Zentrum. Dem Dichter Petter Dass, der bei Alstahaug lebte, wurde in Sandnessjøen ein Denkmal gesetzt.

Petter Dass (1647–1707) war ein nordnorwegischer Theologe und Dichter. Er studierte in Bergen und Kopenhagen, verbrachte sein Leben aber in der Region Nordland in Alstahaug südlich von Sandnessjøen. Sein Name wurde immer wieder mit Schwarzer Magie in Verbindung gebracht, sein Ruf verbreitete sich jedoch erst nach seinem Tod. In Alstahaug wurde dem Dichter Dass ein Museum gewidmet. Es ist ein Entwurf der Architektengruppe Snøhetta, die auch das Opernhaus in Oslo gestaltet hat.

Die Eiderenten auf Vega

EIN STÜCK DER INSELWELT an der Helgelandküste können Hurtigrutengäste selbst erkunden: Zwischen Sandnessjøen und Brønnøysund geht es per Boot hinaus auf die Insel Vega – oder genauer gesagt: zur Inselgruppe Vega. Es gibt nämlich nicht nur die Hauptinsel, sondern zu der Gemeinde Vega gehören 6500 Inseln, Holme und Schären! Nur drei von ihnen sind ganzjährig bewohnt.

Archäologen wiesen nach, dass die Inseln schon vor rund 10000 Jahren in der Steinzeit bewohnt waren. Für die letzten 1500 Jahre ist eine durchgehende Besiedlung nachgewiesen worden – Grund genug, bei der UNESCO einen Antrag zu stellen, in die Liste des Welterbes aufgenommen zu werden. Seit April 2005 steht Vega unter dem Schutz der UNESCO.

Neben Landwirtschaft und Fischfang sorgte die hohe Population an Eiderenten für einen gewissen Wohlstand. Eiderenten polstern ihre Nester mit Federn aus, diese Federn wurden eingesammelt und verarbeitet. Ein mühsames Geschäft: Die Federn von 60 Nestern wurden benötigt, um ein Kilogramm gereinigte Daunen zu erhalten, die schon früh eine beliebte Füllung für Decken waren. Heute werden an der norwegischen Küste nur noch ganz wenige Federn gesammelt. Auf Vega gibt es nicht nur ein Schutzgebiet für Eiderenten, sondern auch eine Ausstellung zum Thema Eiderdaunen.

Ein Ausflug bei Brønnøysund führt auf die Inselgruppe Vega, die für ihre große Population von Eiderenten bekannt ist.

DAS HÄSSLICHE ENTLEIN

MS VESTERÅLEN – GEMÜTLICHKEIT UND FAMILIÄRE ATMOSPHÄRE

MS VESTERÅLEN

- Indienststellung: 17. Februar 1983
- Werft: Kaarbø Mekaniske Verksted, Harstad
- BRZ: 6261
- Länge: 108 Meter
- Breite: 16,50 Meter
- Passagiere: 510
- Autostellplätze: 35

IN DER BLÜTEZEIT VON HURTIGRUTEN in den Fünfziger- und Sechzigerjahren purzelten Jahr für Jahr die Passagierrekorde, es waren goldene Zeiten. Für die Norweger war Hurtigruten die Reichsstraße Nummer eins, das wichtigste Verkehrsmittel zwischen West- und Nordnorwegen. Doch mit der zunehmenden Automobilisierung, mit dem starken Ausbau des Straßennetzes in den Siebzigerjahren, verlor Hurtigruten plötzlich seine norwegische Kundschaft. Innerhalb weniger Jahre halbierten sich die Passagierzahlen. In dieser Krise wurde überlegt, welchen Weg Hurtigruten künftig einschlagen soll. Aufgrund der staatlichen Zuschüsse sprach auch die Regierung ein gewichtiges Wort mit bei der Konzeption der zukünftigen Schiffe. Es gab Überlegungen, die Strecke zu verkürzen und statt Bergen Trondheim als südlichen Wendepunkt zu nehmen. Starke Befürworter gab es auch für die Idee, Hurtigruten nur noch als Frachtlinie zu betreiben.

Heraus kam ein Kompromiss: Favorisiert wurde ein Schiffstyp, der vor allem im Frachtbereich eine kleine Revolution darstellte. Über seitliche, in der Höhe verstellbare Laderampen konnte das Frachtdeck mittels eines Autoaufzugs vom Kai aus mit Gabelstaplern beladen werden. Bis zu 40 Autos sollten an Bord Platz

finden. Platz für Passagiere gab es in begrenztem Umfang ebenfalls. Drei Schiffe wurden in Auftrag gegeben: *Vesterålen*, *Midnatsol* und *Narvik* hießen sie und stießen in den Jahren 1982 und 1983 zur Flotte hinzu. Nun konnte man sein Auto von Kirkenes bis nach Bergen bequem an Bord mitnehmen, statt es wie auf den alten Schiffen – die ohnehin nur vier Stellplätze hatten – an Deck dem ultimativen Salztest zu unterziehen.

Was im Frachtbereich perfekt funktionierte, war im Passagierbereich eine kleine Katastrophe. Von Beginn an waren die drei Schiffe zu klein, boten nicht genügend Kabinen. Dies zeigte sich schon im ersten Sommer im Liniendienst. Zwar hatten alle Kabinen ein eigenes Bad mit Toilette und Dusche und boten einen deutlich höheren Standard als die älteren Schiffe, aber ihre Zahl war zu niedrig. Bereits 1988 wurden alle drei Schiffe nach Bremerhaven gebracht und umgebaut. Ein Aufbau auf dem Achterschiff sorgte für Platz für zusätzliche Kabinen und einen Salon mit Aussicht. So kamen die drei Schwesterschiffe zu ihrem äußeren Erscheinungsbild.

Die *Vesterålen* ist das einzige Schiff auf Hurtigruten, das auf einer nordnorwegischen Werft gebaut wurde. Sie entstand bei Kaarbøs

Was guckst du? Natürlich sieht man der »Vesterålen« den Umbau von 1988 an. Aber die fehlende Eleganz gleicht das solide Schiff durch eine gemütliche Atmosphäre und gutes Essen aus.

Mekaniske Verksted in Harstad und war der letzte Schiffsneubau, den die Reederei Vesteraalens Dampskibsselskab (VDS) aus Stokmarknes in Auftrag gab, bevor es zu der Übernahme durch Ofotens Dampskibsselskab (ODS) aus Narvik kam.

Von den drei Schiffen aus den Achtzigern tut nur die *Vesterålen* noch Dienst auf Hurtigruten, übrigens das vierte Schiff dieses Namens. Bereits das Schiff von Kapitän With, mit dem er am 2. Juli 1893 die Strecke erstmals befuhr, hieß *Vesterålen*. Die *Midnatsol* wurde zuerst in *Midnatsol II* und dann in *Lyngen* umbenannt, nachdem die jüngste *Midnatsol* 2003 das Licht der Welt erblickte. Sie fuhr von 2005 bis 2007 als Ablöseschiff, wurde dann verkauft und zu einem Kreuzfahrtschiff umgebaut. Als *National*

Geographic Explorer wurde sie zu Expeditionskreuzfahrten eingesetzt. Auch die *Narvik* fährt noch, nunmehr unter dem Namen *Gann*.

Die *Vesterålen* ist ein zweckmäßiges Schiff, kein Wunder, war sie doch ursprünglich als Frachtfähre konzipiert. Die zahlreichen Umbauten haben sie nicht schöner gemacht. Im Vergleich zu den heutigen Schiffen ist sie so etwas wie das zuverlässige Arbeitstier auf Hurtigruten. Die Besatzung weiß um die optischen Schwächen des Schiffes und versucht sie durch viel Einsatz wettzumachen. Die Atmosphäre an Bord ist familiär, das Essen genießt einen guten Ruf – mit anderen Worten: Die *Vesterålen* ist ein gemütliches, zuverlässiges Schiff. Kunst an Bord gibt es wenig, verglichen mit den anderen Schiffen. Ein paar Textilarbeiten, ein paar Bilder von Jan Harr im Salon, das war es schon. Wenn man so will, ist dieses Schiff die Essenz von Hurtigruten, Hurtigruten pur ohne Schnickschnack. Das ist nichts Negatives, im Gegenteil. Die norwegische Küste erlebt man an Bord der *Vesterålen* jedenfalls ähnlich schön wie auf den anderen Schiffen, vielleicht sogar noch etwas intensiver, denn nichts lenkt einen ab von der Schönheit der Natur.

Auf der »Vesterålen« ist das Verhältnis zwischen Besatzung und Gästen ähnlich familiär wie auf den beiden Oldies »Lofoten« und »Nordstjernen«. Deshalb hat auch die im Vergleich zu den Luxuslinern unscheinbare, aber grundsolide »Vesterålen« ihr festes Stammpublikum.

NORDNORGE
NORDNORGE

11. TAG

EINE STRASSE IM ATLANTIK

VON TRONDHEIM ÜBER KRISTIANSUND NACH ÅLESUND

Nach der Liegezeit am frühen Vormittag in Trondheim führt die Reise nach Süden in das nördliche Fjordnorwegen. Kristiansund ist am Nachmittag erreicht, am Abend läuft das Schiff in den schönen Moldefjord ein. An Land sind die beiden Städte Kristiansund und Molde durch die sogenannte Atlantikstraße miteinander verbunden: Über Inseln, Dämme und Brücken führt die Straße am Meer entlang. Zu Mitternacht wird schließlich in der Jugendstilstadt Ålesund angelegt.

Kristiansund, die Stadt auf den Inseln

Seite 214/215: Die »Nordnorge« verlässt den Hafen von Kristiansund. Südgehend wird die Stadt am Nachmittag angelaufen. Parallel zur Schiffsroute verläuft an Land die Atlantikstraße.

Nähert man sich Kristiansund von der Seeseite, ist zunächst fast nichts von der Stadt zu sehen. Sie liegt auf drei Inseln, die sich um einen natürlichen Hafen gruppieren. Erst wenn das Schiff eine schmale Durchfahrt zwischen zwei dieser Inseln passiert hat, kommt Kristiansund zum Vorschein. Die Lage der Stadt ist typisch für einen traditionsreichen Handelsplatz an der norwegischen Küste: Hier fanden Schiffe Schutz vor den Widrigkeiten des Atlantiks.

Für die autogerechte Anbindung ans Inland war die Lage draußen am Meer weniger geeignet, Kristiansund war nur mit Fähren zu erreichen. In einem ambitionierten Straßenbauprojekt des norwegischen Staates war vorgeschlagen worden, den sogenannten »Kyststamvegen« zu bauen, um von Stavanger bis Trondheim eine fährenfreie Straße zu schaffen. Teile der Küstenstammstraße wurden bereits realisiert, aber glücklicherweise nicht alles, was anfangs projektiert wurde.

In Kristiansund wurde 1992 das Teilprojekt »Krifast« verwirklicht, eine Anbindung der Stadt durch Brücken und unterseeische Tunnel an das Festland und die umliegenden Inseln. Finanziert werden solche Bauten in Norwegen durch Mautgebühren. Ist das Bauwerk abbezahlt, entfällt auch die Straßennutzungsgebühr.

Auch wenn innerhalb von Kristiansund die Stadtteile alle durch Brücken miteinander verbunden sind, geht es auf dem Wasserweg manchmal doch schneller. Noch immer gibt es die kleinen Sundboote, die die Inseln wie Busse auf dem Wasser miteinander verbinden.

Kristiansund ist auf mehreren Inseln gebaut, das geografische Zentrum liegt im Hafenbecken. Inzwischen sind alle Inseln untereinander mit Brücken verbunden, aber es gibt sie immer noch, die kleinen Wassertaxis, die die Stadtteile für Fußgänger verbinden.

Seite 218/219: Drei der vier Innenstadt-Inseln sind auf diesem Bild des Hafens Kristiansund zu sehen, doch das Teleobjektiv zieht sie so nah heran, dass die einzelnen Inseln kaum zu erkennen sind.

Unterwegs auf der Atlantikstraße

Seite 222/223: Die Atlantikstraße schwingt sich über Brücken und Dämme auf acht Kilometern Länge durch die Inselwelt zwischen Kristiansund und Molde.

ZU BEGINN DES 20. JAHRHUNDERTS entstand die Idee, von Molde nach Kristiansund eine Eisenbahnstrecke zu bauen, die an der Küste verlaufen sollte. 1931 wurden diese Pläne ad acta gelegt. In den 1970er-Jahren wurde die Idee wieder aufgegriffen, nun sollte aber eine Straße gebaut werden. 1983 begannen die Bauarbeiten, 1989 konnte die Fährverbindung zwischen Ørjavik und Tøvik eingestellt werden.

Das ambitionierte Bauvorhaben verbindet kleine Inseln, unbewohnte Holme und Schären an der Küste auf einer Strecke von gut acht Kilometern über mehrere Brücken und Dämme. Ein klangvoller Name war schnell gefunden: Die Atlantikstraße war geboren. Heute zählt sie zu den nationalen Touristenstraßen mit rund 200 000 Besuchern pro Jahr. Die Maut wurde bereits nach zehn Jahren abgeschafft, die Finanzierung war erfolgreich.

Es gibt mehrere Parkplätze mit Aussichtspunkten auf die elegant geschwungenen Brücken. Nach Westen hin das offene Meer, nach Osten der Kornstadfjord. Nicht nur die anspruchsvolle Straßenführung mag als Grund für einen Landausflug zwischen Kristiansund und Molde dienen. Das Schiff muss nämlich zwischen den beiden Städten die Bucht Husavika passieren. Hier bauen sich manchmal die Wellen unangenehm auf, sodass die Fahrt selbst bei wenig Wind schaukelig werden kann. Da schaut man sich doch lieber von Land aus an, wie die Gischt über die Brücken der Atlantikstraße geweht wird.

Die Stabkirche Kvernes wird auf dem Landausflug zur Atlantikstraße besucht. Sie ist im Vergleich zu den berühmten Stabkirchen von Heddal, Borgund oder Urnes von außen unscheinbar, ihr fehlen der Umlauf und die filigranen Schnitzereien. Im Inneren lässt sich jedoch das Bauprinzip der Stabkirchen gut erkennen.

DER LETZTE OLDTIMER

MS LOFOTEN – HIER WIRD TRADITION GEPFLEGT UND GELIEBT

MS LOFOTEN

- Indienststellung: 5. März 1964
- Werft: Aker Mekaniske Verksted, Oslo
- BRZ: 2621
- Länge: 87,40 Meter
- Breite: 13,20 Meter
- Passagiere: 400
- Autostellplätze: 0

DAS LETZTE KLASSISCHE Hurtigruten-Schiff! Wer noch einmal nostalgisch Hurtigruten wie vor 50 Jahren erleben möchte, muss sich beeilen. Nur die *Lofoten* ist als einziges Schiff aus dieser Zeit noch im Liniendienst unterwegs. Wie die *Nordstjernen*, die mehrfach ausgemustert wurde und ebenso oft zurückkehrte, war auch die *Lofoten* von 1964 schon aus dem Dienst genommen worden. 2002 wurde sie von der *Trollfjord* abgelöst und auf kleine Kreuzfahrten von Bergen aus zum Sognefjord und rund um die Lofoten geschickt. Von 2002 bis 2007 wurde sie dann als Ablöseschiff im Winter für die *Nordnorge* eingesetzt, wenn diese auf Kreuzfahrt in die Antarktis geschickt wurde. Seit 2007 ist der Oldie wieder im ganzjährigen Einsatz.

Als Gast an Bord muss man sich auf ein anderes Schiffserlebnis einstellen. Am Kai fährt keine hydraulisch betätigte Gangway aus. Stattdessen kommt ein Gabelstapler und hängt eine Gangway an der vorgesehenen Stelle in der Reling ein. Autos werden auf der *Lofoten* nicht mehr mitgenommen. Früher gab es maximal vier Stellplätze auf dem offenen Vordeck. Verladen wurden die Autos per Kran. Bis Mitte der Neunzigerjahre war das bei den letzten verbliebenen Klassikern üblich. Geräuschvoll öffnet die Luke zum Frachtraum, in den der bordeigene

Kran die Paletten mit Fracht absenkt. Nein, zeitgemäß ist das sicher alles nicht mehr, aber doch ungemein interessant zu sehen.

Die verschiedenen Reedereien, denen die *Lofoten* gehörte, haben das Schiff gut gepflegt. Zuletzt fand 2003 eine komplette Renovierung statt. Auch die Maschine – die *Lofoten* fährt immer noch mit dem ersten Motor – wurde überholt. Gebaut wurde das Schiff 1964 bei Aker Mekaniske Verksted in Oslo. Dort, wo heute das Viertel Aker Brygge am Hafen steht, befand sich diese renommierte Werft. Auftraggeber war Vesteraalens Dampskibsselskab (VDS) aus Stokmarknes, als Baumuster diente die *Harald Jarl*, die Nordenfjeldske aus Trondheim 1960 dort bauen ließ. Im Unterschied zu ihren drei Schwesterschiffen wurde auf der *Lofoten* weniger mit Linoleum und damals modernen Kunststoffpaneelen gearbeitet. Stattdessen verbaute die Schreinerei der Werft Holzpaneele, bis heute ein echter Gewinn für das gemütliche Ambiente an Bord.

Die *Lofoten* ist längst Kult auf Hurtigruten, sie hat weltweit eine Schar von Liebhabern, die sich von den Unzulänglichkeiten der Schifffahrt anno dazumal nicht abschrecken lassen. Natürlich sind die Kabinen kleiner, natürlich haben die meisten Kabinen Bullaugen, die bei Seegang mit Stahlkappen von außen verschlossen werden.

Eine Reminiszenz an die goldenen Zeiten von Hurtigruten: Die »Lofoten« stammt aus dem Jahre 1964, als Hurtigruten Jahr für Jahr neue Rekordzahlen schrieb. Der Oldtimer mit der bewegten Geschichte wird wohl noch einige Jahre für Hurtigruten unterwegs sein, da derzeit keine Neubauten geplant sind.

Zwei Salons mit kleinen Fenstern, ein Café und ein sehr überschaubares Restaurant sowie die Bar im Heck, das ist alles, was die *Lofoten* an öffentlichen Räumen zu bieten hat. Wer die Küste genießen möchte, geht auf das Deck achtern oder ein Deck höher auf das Sonnendeck. Bis auf das Brückendeck kann man gelangen und Steuermann oder Kapitän bei der Arbeit im Brückennock über die Schulter schauen. Genau darin liegt der Reiz einer Reise mit der *Lofoten*.

400 Passagiere darf die *Lofoten* mitnehmen, aber dies ist ein eher theoretischer Wert. Angesichts von 75 Kabinen an Bord, die aber selten alle gebucht sind, ist die Zahl der Gäste an Bord in aller Regel sehr überschaubar. Ähnlich verhält es sich mit dem Personal. Schnell lernt man sich kennen und das freundliche Personal

Über die Hälfte der Kabinen hat kein eigenes Bad, man muss mit der Gemeinschaftsdusche auf dem Gang vorliebnehmen. Und dann die niedrige Wasserlinie: Nur ein Deck trennt Deck A vom Wasser. Wenn dann für ein Wende- und Bremsmanöver der Anker fällt, rasselt die Kette, dass das ganze Schiff vibriert. Und genau hier beginnt die Geschmacksfrage: Liebt man diese urtümliche und handfeste Art der Seefahrt oder findet man den Lärm schrecklich? Wer auf der *Lofoten* mitfährt, weiß in der Regel, was für ein Schiffsreise-Erlebnis wartet.

weiß um die besondere Rolle, die der *Lofoten* im Laufe der Jahre zugekommen ist. Auf keinem anderen Schiff entsteht schneller ein Gemeinschaftsgefühl. Solch eine Atmosphäre an Bord ist auf Schiffen wie der *Trollfjord* undenkbar und genau dafür wird die *Lofoten* geliebt.

Um keine Zweifel aufkommen zu lassen: Die *Lofoten* ist trotz ihres Alters ein hervorragendes, absolut seetüchtiges Schiff. Immerhin ist sie seit weit über 40 Jahren fast unablässig im Liniendienst entlang der norwegischen Küste unterwegs. Von größeren Pannen und Unglücken ist sie verschont geblieben, da hat manch neueres Schiff schon mehr Pech gehabt. Wer als Schiffsliebhaber auf traditionelle Art die norwegische Küste kennenlernen möchte und sich an dem Mangel an Komfort nicht stört, wird auf der *Lofoten* sicher glücklich. Und alle anderen haben die große Auswahl zwischen zehn moderneren Schiffen.

Den kleinen Kabinen, die nur über Bullaugen verfügen, merkt man das Alter des Schiffes an. Aber durch den großzügigen Einsatz von Holz und Messing hat das Schiff eine klassische Anmutung – und gemütlich ist die »Lofoten« auch.

TROLLFJORD
HAMBURG

12. TAG
ZURÜCK IM FJORDLAND

VON ÅLESUND NACH BERGEN

Die Reise geht dem Ende zu. Zum Frühstück wird Florø erreicht, dann geht es weiter die Küste entlang nach Bergen, wo das Schiff am frühen Nachmittag anlegt. Nach all den einsamen Landschaften und winzigen Häfen nun auf einmal wieder in einer quirligen Großstadt zu sein … Die einen freuen sich, wieder im Leben zu stehen, die anderen wünschen sich die Einsamkeit zurück. Eine Reise mit Hurtigruten entführt eben in eine andere Welt – in die Welt der einsamen, rauen norwegischen Küste.

Auf dem Weg nach Bergen

Seite 228/229: Die »Trollfjord« hat nach ihrer Rundreise am frühen Nachmittag in Bergen festgemacht. Nun gilt es, das Schiff vorzubereiten für das abendliche Auslaufen, ein neuer Törn steht an.

Die Reise neigt sich langsam dem Ende zu. Nach Mitternacht werden in Ålesund die Leinen gelöst, Torvik und Måløy erleben nur Nachtschwärmer. Zum Frühstück wechselt das Schiff den Kurs nach Florø. »Der nächste Hafen ist Bergen«, schallt es aus dem Lautsprecher an Bord. Es dauert nicht mehr lange, und das beschauliche Bordleben und die großartige Küstenlandschaft als Dauerpanorama sind Vergangenheit. Ob die Fahrt mit Hurtigruten wirklich die schönste Seereise der Welt ist, wie die Werbung lange behauptete, mag jeder selbst beurteilen. Auf jeden Fall ist es eine traditionsreiche und entspannende Art, die faszinierende norwegische Küste kennenzulernen.

Zum Frühstück gegen acht Uhr wird Florø erreicht. Die Landschaft ist wieder grüner, alles wirkt ein wenig lieblicher als »oben« auf den Lofoten oder bei Kirkenes.

Seite 232/233: Die »Finnmarken« ist startklar für eine neue Rundreise.

www.tokokker.as
Hjørnevikbua
www.tokokker.as

FINNMARKEN

SACHREGISTER

PERSONENREGISTER

DANKSAGUNG

Der Fotograf Axel M. Mosler bedankt sich bei Frau Andrea Bulian und Herrn Joachim Klein von Hurtigruten in Hamburg für die großzügige Unterstützung bei diesem Projekt.

IMPRESSUM

Produktmanagement: Joachim Hellmuth, Stephanie Iber
Textlektorat: Nadja Pietraszek, Konstanz
Korrektorat: Anke Höhne, München
Text und Inhalt der Fototipps: Axel M. Mosler
Layout und Bildredaktion: VerlagsService Gaby Herbrecht, Mindelheim
Repro: Repro Ludwig, Zell am See
Umschlaggestaltung: Thomas Uhlig, coverdesign uhlig, Augsburg
Kartografie: Thieme Wronka GbR, München
Herstellung: Bettina Schippel
Printed in Italy by Printer Trento

Alle Angaben dieses Werkes wurden vom Autor sorgfältig recherchiert und auf den aktuellen Stand gebracht sowie vom Verlag geprüft. Für die Richtigkeit der Angaben kann jedoch keine Haftung übernommen werden.
Für Hinweise und Anregungen sind wir jederzeit dankbar. Bitte richten Sie diese an:
Bruckmann Verlag
Postfach 40 02 09
80702 München
E-Mail: lektorat@bruckmann.de

Bildnachweis:
Alle Bilder des Innenteils und des Umschlags stammen von Axel M. Mosler, außer: Picture Alliance, Frankfurt a. M.: S. 13 (akg-images), 12, 14 l + r, 15 (NTB-Scanpix); Friedrich Stark (Klappe hinten oben); Illustrationen: Fotolia (www.fotolia.de): Santi, Morphart

Umschlag:
Vorderseite: Die »Nordkapp« im Raftsund vor dem Trollfjord (Bildagentur Huber / Gräfenhain).
Rückseite: Passagiere fotografieren die Mitternachtssonne vor der Lofotenwand (links oben); der Leuchtturm Stabben im Hellefjord bei Florø (links unten); Bug der »Vesteraalen« im Hafen von Svolvær (rechts).

S. 4/5: Die »Kong Harald« in der späten Nachmittagssonne im Lopphavet nördlich von Skjervøy;
S. 6/7: Fjordlandschaft in Nord Tröndelag;
S. 8: Die »Nordkapp« vor der Einfahrt in den engen Stokksund;
S. 237: Die »Richard With« vor der Sortlandbrücke / Vesterålen.
Vorsatz: Die Bugwelle der »Lofoten« zur blauen Stunde.
Hintersatz: Mitternachtssonne während der Überfahrt von den Lofoten nach Bodø.

Die Deutsche Nationalbibliothek verzeichnet diese Publikation in der Deutschen Nationalbibliografie; detaillierte bibliografische Daten sind im Internet über http://dnb.d-nb.de abrufbar.

2. Auflage 2013

ISBN 978-3-7654-5879-8